.HOUDART 1967

LES
AUTEURS ESPAGNOLS

EXPLIQUÉS D'APRÈS UNE MÉTHODE NOUVELLE

PAR DEUX TRADUCTIONS FRANÇAISES

Cet ouvrage a été expliqué littéralement, annoté et revu pour la traduction française par M. J. Merson.

Paris. — Imprimerie de Ch. Labure, rue de Fleurus, 9.

LES
AUTEURS ESPAGNOLS

EXPLIQUÉS D'APRÈS UNE MÉTHODE NOUVELLE

PAR DEUX TRADUCTIONS FRANÇAISES

L'UNE LITTÉRALE ET JUXTALINÉAIRE PRÉSENTANT LE MOT A MOT FRANÇAIS
EN REGARD DES MOTS ESPAGNOLS CORRESPONDANTS
L'AUTRE CORRECTE ET PRÉCÉDÉE DU TEXTE ESPAGNOL

avec des sommaires et des notes

CERVANTÈS

EL CAUTIVO

Histoire extraite de *Don Quichotte*

PARIS
LIBRAIRIE DE L. HACHETTE ET Cie
BOULEVARD SAINT-GERMAIN, N° 77

1864

AVIS

RELATIF A LA TRADUCTION JUXTALINÉAIRE.

On a réuni par des traits les mots français qui traduisent un seul mot espagnol.

On a imprimé en *italiques* les mots qu'il était nécessaire d'ajouter pour rendre intelligible la traduction littérale, et qui n'avaient pas leur équivalent dans l'espagnol.

Enfin, les mots placés entre parenthèses, dans le français, doivent être considérés comme une seconde explication, plus intelligible que la version littérale.

NOTICE.

SUR LE CAPTIF.

L'histoire du *Captif* est extraite du *Don Quichotte*, où elle forme les trente-neuvième, quarantième et quarante et unième chapitres de la quatrième partie. Don Quichotte, de retour dans l'hôtellerie qu'il avait prise pour un château, rencontre une société nombreuse de dames et de gentilshommes, ainsi que le curé et le barbier ; on emploie une partie du temps à lire et à raconter des histoires.

Les aventures racontées ici ne sont pas, comme on l'a dit et comme on l'a cru longtemps, celles qui arrivèrent à Cervantès lui-même, pendant sa captivité à Alger. Le véritable héros est le capitaine Ruy Perez de Viedma, son compagnon d'esclavage chez Hassan-Aga. Quant à Cervantès lui-même, il se désigne (chap. XVIII) sous le nom de *un tel de Saavedra ;* mais il avait été témoin de l'aventure qu'il raconte. Ce qui achève de dissiper les doutes, c'est que le captif dont il est question ici est donné comme capitaine ; or Cervantès n'était que simple soldat lorsqu'il prit part à la bataille de Lépante. On peut voir d'ailleurs l'histoire de la captivité de Cervantès dans la *Notice* que M. L. Viardot a mise en tête de sa remarquable traduction de *Don Quichotte*.

EL CAUTIVO.

1. En un lugar de las montañas de Leon[1] tuvo principio mi linaje, con quien fué mas agradecida y liberal la naturaleza que la fortuna, aunque en la estrecheza de aquellos pueblos todavía alcanzaba mi padre fama de rico, y verdaderamente lo fuera, si así se diera maña á conservar su hacienda como se la daba en gastalla[2]. Y la condicion que tenia de ser liberal y gastador le procedió de haber sido soldado los años de su juventud; que es escuela la soldadesca donde el mezquino se hace franco, y el franco pródigo; y si algunos soldados se

---

1. Ma famille, originaire d'un village des montagnes de Léon, fut plus généreusement et plus obligeamment traitée de la nature que de la fortune. Cependant, parmi ces populations misérables, mon père avait la réputation d'être riche, et véritablement il l'aurait été s'il avait pris pour conserver son bien autant de peine qu'il s'en donnait pour le gaspiller. Son humeur libérale et dépensière venait de ce qu'il avait été soldat au temps de sa jeunesse; car la profession des armes est une école où le ladre devient généreux et le généreux prodigue, et si l'on rencontre quelques soldats intéressés,

LE CAPTIF.

1. Mi linaje	1. Ma race
tuvo principio	eut (prit) *son* origine
en un lugar	dans un endroit
de las montañas de Leon,	des montagnes de Léon,
con quien la naturaleza	*ma race* avec laquelle la nature
fué mas agradecida	fut plus obligeante
y liberal	et *plus* libérale
que la fortuna,	que la fortune,
aunque todavia	quoique toutefois
en la estrecheza	dans la détresse
de aquellos pueblos	de ces populations
mi padre alcanzaba	mon père obtenait (obtint)
fama de rico,	réputation de riche,
y verdaderamente lo fuera,	et véritablement le fût (l'aurait été),
si se diera	s'*il* se donnât (s'était donné)
maña	industrie (du mal)
á conservar su hacienda	à conserver son avoir
asi como	ainsi comme (autant que)
se la daba	*il* se la donnait (il s'en donnait)
en gastalla.	en (pour) le-dépenser.
Y la condicion que tenia	Et l'humeur qu'*il* avait
de ser liberal	d'être généreux
y gastador	et dépensier
le procedió	lui vint
de haber sido soldado	d'avoir été soldat
los años de su juventud;	*pendant* les années de sa jeunesse;
que la soldadesca	car le métier-de-soldat
es escuèla	est *une* école
donde el mezquino	où le ladre
se hace franco,	se fait (devient) généreux,
y el franco pródigo;	et le généreux prodigue;
y si algunos soldados	et si quelques soldats
se hallan miserables,	se rencontrent chiches,

hallan miserables, son como monstruos, que se ven raras veces. Pasaba mi padre los términos de la liberalidad, y rayaba en los de ser pródigo, cosa que no le es de ningun provecho al hombre casado y que tiene hijos que le han de suceder en el nombre y en el ser. Los que mi padre tenia eran tres, todos varones y todos de edad de poder elegir estado. Viendo pues mi padre que, segun él decia, no podia irse á la mano contra su condicion, quiso privarse del instrumento y causa que le hacia gastador y dadivoso, que fué privarse de la hacienda, sin la cual el mismo Alejandro pareciera estrecho, y así llamándonos un dia á todos tres[1] á solas en un aposento, nos dijo unas razones semejantes á las que ahora diré.

2. « Hijos, para deciros que os quiero bien, basta saber y decir que sois mis hijos, y para entender que os quiero mal, basta

---

ils sont comme ces phénomènes qui apparaissent rarement. Mon père dépassait les limites de la générosité, et donnait presque dans la profusion, ce qui n'arrange guère les affaires d'un homme établi qui a des fils pour continuer son nom et son existence. Il en avait trois, tous garçons, tous en âge de choisir un état. Voyant donc, comme il disait lui-même, qu'il ne pouvait tenir en bride son humeur, il voulut se défaire de ce qui causait et alimentait son goût pour les dépenses et les largesses, en se privant de son bien, chose sans laquelle Alexandre lui-même ne paraîtrait qu'un fesse-mathieu. Un jour donc il nous prit tous trois tête à tête avec lui dans une chambre, et nous tint à peu près le discours que je vais dire.

2. « Mes fils, pour vous assurer que je veux votre bien, il suffit de savoir et de dire que vous êtes mes enfants; mais pour croire que je veux votre mal, c'est assez de voir que je ne saurais me

son como monstruos,	*ils* sont comme des monstres,
que se ven raras veces.	qui se voient *de* rares fois.
Mi padre pasaba	Mon père dépassait
los términos de la liberalidad,	les bornes de la libéralité,
y rayaba en los	et frisait dans (touchait à) celles
de ser pródigo,	d'être prodigue (de la prodigalité),
cosa que no le es	chose qui ne lui est (qui n'est)
de ningun provecho	d'aucun profit
al hombre casado,	à l'homme marié,
y que tiene hijos	et qui a des fils
que le han de suceder	qui lui ont de (lui doivent) succéder
en el nombre	dans le nom
y en el ser.	et dans l'être (l'existence).
Los que mi padre tenia	Ceux que mon père avait
eran tres,	étaient trois,
todos varones,	tous garçons,
y todos de edad	et tous d'âge
de poder elegir estado.	de (à) pouvoir choisir *un* état.
Pues mi padre viendo	Donc mon père voyant
que, segun él decia,	que, selon *qu'*il disait,
no podia	*il* ne pouvait
irse á la mano	s'*en*-aller à la main (se tenir en bride)
contra su condicion,	contre son humeur,
quiso privarse	voulut se-priver
del instrumento y causa	du moyen et *de la* cause
que le hacia gastador	qui le faisait dépenser
y dadivoso,	et donnant,
que fué privarse de la hacienda,	*ce* qui fut se-priver de l'avoir,
sin la cual el Alejandro mismo	sans lequel l'Alexandre même
pareciera estrecho,	parût (aurait paru) serré (ladre),
y asi llamándonos un dia	et ainsi en-nous-appelant un jour
á todos tres á solas	tous trois à tête-à-tête
en un aposento,	dans une chambre,
nos dijo unas razones	*il* nous dit des raisons
semejantes á las	semblables à celles
que ahora diré.	que présentement *je* dirai.
2. « Hijos,	2. « *Mes* fils,
para deciros	pour vous-dire
que os quiero bien,	que *je* vous veux *du* bien,
basta saber y decir	*il* suffit *de* savoir et dire
que sois mis hijos,	que *vous* êtes mes fils,
y para entender	et pour entendre (croire)
que os quiero mal,	que *je* vous veux *du* mal,
basta	*il* suffit

saber que no me voy á la mano en lo que toca á conservar vuestra hacienda : pues para que entendais desde aquí adelante que os quiero como padre, y que no os quiero destruir como padrastro, quiero hacer una cosa con vosotros, que há muchos dias que la tengo pensada y con madura consideracion dispuesta. Vosotros estais ya en edad de tomar estado, ó á lo menos de elegir ejercicio tal, que cuando mayores os honre y aproveche, y lo que he pensado es hacer de mi hacienda cuatro partes: las tres os daré á vosotros, á cada uno lo que le tocare, sin exceder en cosa alguna, y con la otra me quedaré yo para vivir y sustentarme los dias que el cielo fuere servido de darme de vida; pero querria que, despues que cada uno tuviese en su poder la parte que le toca de su hacienda, siguiese uno de los caminos que le diré. Hay un refran en nuestra España, á mi parecer muy verdadero como

tenir en bride pour ce qui touche à la conservation de votre patrimoine. Afin donc que désormais vous soyez bien convaincus que je vous aime comme un bon père et que je ne veux pas vous ruiner comme un père dénaturé, je vais faire avec vous une chose à laquelle je pense depuis longtemps et que j'ai préparée en y réfléchissant mûrement. Vous êtes déjà d'âge à prendre un état, ou tout au moins à choisir une profession qui, lorsque vous serez plus grands, vous donne honneur et profit. J'ai pensé à faire de mon bien quatre parts : je vous en donnerai trois, à chacun ce qui lui reviendra, rien de plus, rien de moins, et je garderai la quatrième pour vivre et m'entretenir pendant les jours qu'il plaira au ciel de m'accorder encore. Cependant je voudrais que chacun de vous, une fois qu'il aura en sa possession la part de patrimoine qui lui revient, suivît une des routes que je vais indiquer. Il y a dans

saber	*de* savoir [me tiens pas en bride)
que no me voy á la mano	que je ne m'*en* vais pas à la main (ne
en lo que toca	en ce qui touche
á conservar vuestra hacienda :	à conserver votre avoir :
pues para que entendais	donc pour que *vous* entendiez
desde aquí adelante	dès ici à-l'avenir (désormais)
que os quiero como padre,	que *je* vous aime comme *un* père,
y que no os quiero destruir	et que *je* ne vous veux pas ruiner
como padrastro,	comme *un* mauvais-père,
quiero hacer con vosotros	*je* veux faire avec vous
una cosa	une chose
que há muchos dias	qu'il y a beaucoup-de jours
la tengo pensada	*je* l'ai pensée (j'ai pensée)
y dispuesta	et préparée
con madura consideracion.	avec mûre réflexion.
Vosotros estais ya en edad	Vous êtes déjà en âge
de tomar estado,	de prendre *un* état,
ó á lo menos de elegir	ou au moins de choisir
ejercicio tal,	une profession telle,
que, cuando mayores,	que, quand *vous serez* plus grands,
os honre y aproveche,	*elle* vous honore et *vous* profite,
y lo que he pensado	et ce que *j*'ai pensé
es hacer de mi hacienda	est *de* faire de mon avoir
cuatro partes :	quatre parts :
os daré á vosotros los tres,	*je* vous donnerai à vous les trois,
á cada uno lo que le tocare,	à chacun ce qui lui reviendra,
sin exceder en alguna cosa,	sans dépasser en aucune chose,
y yo	et moi [l'autre
me quedaré con la otra	je me tiendrai avec (je garderai)
para vivir y sustentarme	pour vivre et m'-entretenir
los dias que el cielo	*pendant* les jours que le ciel
fuere servido	sera content (aura pour agréable)
de darme de vida;	de me-donner de vie;
pero querria que,	toutefois *je* voudrais que,
despues que cada uno	depuis (après) que chacun
tuviese en su poder	eût (aura) en son pouvoir
la parte que le toca	la partie qui lui revient
de su hacienda,	de son avoir,
siguiese uno de los caminos	*il* suivit un des chemins
que le diré.	que *je* lui dirai.
Hay un refran	Il y a un adage
en nuestra Espana,	dans notre Espagne,
á mi parecer	à mon paraître (à mon avis)
muy verdadero	fort véridique

todos lo son, por ser sentencias breves sacadas de la luenga y discreta experiencia, y el que yo digo dice: *Iglesia, ó mar, ó casa real,* como si mas claramente dijera : quien quisiere valer y ser rico, siga ó la Iglesia, ó navegue ejercitando el arte de la mercancía, ó entre á servir á los reyes en sus casas, porque dicen : *mas vale migaja de rey que merced de señor.* Digo esto porque querria, y es mi voluntad, que uno de vosotros siguiese las letras, el otro la mercancía, y el otro sirviese al rey en la guerra, pues es dificultoso entrar á servirle en su casa, que ya que la guerra no dé muchas riquezas, suele dar mucho valor y mucha fama. Dentro de ocho dias os daré toda vuestra parte en dineros, sin defrau-

notre Espagne un vieux proverbe fort véridique comme ils le sont tous, car ce sont de courtes sentences tirées d'une longue et discrète expérience; celui dont je parle dit : *Église, ou mer, ou maison du roi;* ou, comme on dirait plus clairement : que celui qui voudra réussir et devenir riche s'attache à l'Église, ou voyage sur mer pour faire le négoce, ou entre au service des rois dans leurs palais; car on dit : *mieux vaut miette de roi que grâce de seigneur.* Je vous dis cela parce que je désirerais que l'un de vous prît la carrière des lettres, l'autre celle du commerce; le troisième servirait le roi à la guerre, car il est difficile d'être admis à le servir dans son palais, et si la guerre ne donne pas beaucoup de richesses, elle donne du moins crédit et renommée. D'ici à huit jours je vous donnerai toute votre part argent comptant, sans vous

como todos lo son,	comme tous le sont,
por ser	pour être (parce que ce sont)
sentencias breves	sentences courtes
sacadas	tirées
de la experiencia	de l'expérience
luenga y discreta,	longue et discrète,
y el que yo digo	et celui que je dis (dont je parle)
dice : « Iglesia, ó mar,	dit : « Église, ou mer,
« ó casa real, »	« ou maison royale, »
como si dijera	comme s'*il* dit (disait)
mas claramente :	plus clairement :
« Quien quisiere valer	« Quiconque voudra réussir
« y ser rico,	« et être riche,
« ó siga la Iglesia,	« ou *qu'il* suive l'Église,
« ó navegue	« ou *qu'il* navigue
« en ejercitando	« en exerçant
« el arte de la mercancia,	« l'art du négoce,
« ó entre	« ou *qu'il* entre
« á servir á los reyes	« à (pour) servir les rois
« en sus casas, »	« dans leurs maisons, »
porque dicen :	parce-qu'*ils* disent (on dit) :
« Mas vale migaja de rey	« Mieux vaut miette de roi
« que merced de señor. »	« que grâce de seigneur. »
Digo esto porque querria,	*Je* dis ceci parce que *je* voudrais,
y es mi voluntad,	et *c*'est ma volonté,
que uno de vosotros	qu'un de vous
siguiese las letras,	suivît les lettres,
el otro la mercancía,	l'autre le négoce,
y el otro serviese al rey	et *que* l'autre servît le roi
en la guerra,	dans la guerre,
pues es dificultoso	car *il* est difficile
entrar á servirle	d'entrer à (pour) le-servir
en su casa,	dans sa maison,
que ya que la guerra	*parce* que bien que la guerre
no dé	ne donne pas
muchas riquezas,	beaucoup-de richesses,
suele dar	*elle* a-coutume *de* donner
mucho valor	beaucoup-de valeur (crédit)
y mucha fama.	et beaucoup-de renommée.
Dentro de ocho dias	En-dedans de (d'ici à) huit jours
os daré toda vuestra parte	*je* vous donnerai toute votre part
en dineros,	en argent,
sin defraudaros	sans vous-frustrer
en un ardite,	en une (d'une) maille,

daros en un ardite¹, como lo vereis por la obra. Decidme ahora si quereis seguir mi parecer y consejo en lo que os he propuesto. »

3. Y mandándome á mí por ser el mayor que respondiese, despues de haberle dicho que no se deshiciese de la hacienda, sino que gastase todo lo que fuese su voluntad, que nosotros éramos mozos para saber ganarla, vine á concluir en que cumpliria su gusto, y que el mio era seguir el ejercicio de las armas, sirviendo en él á Dios y á mi rey. El segundo hermano hizo los mismos ofrecimientos, y escogió el irse á las Indias, llevando empleada la hacienda que le cupiese. El menor, y á lo que yo creo, el mas discreto, dijo que queria seguir la Iglesia, ó irse á acabar sus comenzados estudios á Salamanca.

4. Así como acabamos de concordarnos y escoger nuestros ejercicios, mi padre nos abrazó á todos, y con la brevedad

---

faire tort d'un denier, comme vous le verrez d'après les comptes. Et maintenant dites-moi si vous voulez suivre mon avis et mes conseils sur ce que je vous ai proposé. »

3. Il me commanda de répondre le premier, parce que j'étais l'aîné. Après l'avoir prié de ne pas se dépouiller de son bien, mais de dépenser à sa fantaisie, car nous étions assez jeunes pour gagner notre vie, je terminai en lui disant que je me rendrais à son désir, que le mien était de suivre la profession des armes pour y servir Dieu et mon roi. Le second frère renouvela les offres que j'avais faites, et choisit de partir pour les Indes, après avoir converti en marchandises la part qui lui reviendrait. Le plus jeune, et, à ce que je crois, le plus entendu des trois, dit qu'il voulait entrer dans l'Église, ou aller terminer à Salamanque ses études commencées.

4. Dès que nous eûmes fini de nous mettre d'accord et de choisir nos professions, mon père nous embrassa tous. Dans le court es-

como lo vereis por la obra.	comme vous le verrez par l'œuvre.
Decidme ahora	Dites-moi à-présent
si quereis seguir	si *vous* voulez suivre
mi parecer y consejo	mon avis et conseil
en lo que os he propuesto. »	en ce que *je* vous ai proposé. »

3. Y mandándome á mí / 3. Et en-me-commandant à moi
por ser el mayor / pour être (parce que j'étais) l'aîné
que respondiese, / que *je* répondisse,
despues de haberle dicho / ensuite de (après) lui-avoir dit
que no se deshiciese / qu'*il* ne se défît pas
de la hacienda, / de l'avoir,
sino que gastase / mais-plutôt qu'*il* dépensât
todo lo que fuese su voluntad, / tout ce qui fût (serait) sa volonté,
que nosotros éramos mozos / que nous étions *assez* jeunes
para saber / pour savoir
ganarla, / le-gagner (gagner du bien),
vine á concluir en que / je vins à conclure en *ce* que (con-
cumpliria su gusto, / j'accomplirais son gré, [clure que]
y que el mio era / et que le mien était
seguir el ejercicio de las armas, / *de* suivre la profession des armes,
sirviendo en él / en-servant en elle
á Dios y á mi rey. / Dieu et mon roi.
El segundo hermano / Le second frère
hizo los mismos ofrecimientos, / fit les mêmes offres,
y escogió el irse / et choisit le (de) s'*en*-aller
á las Indias, / aux Indes,
llevando / en-transportant
empleada / employé *en marchandises*
la hacienda que le cupiese. / l'avoir qui lui échût (échoirait).
El menor, / Le plus-jeune,
y á lo que yo creo, / et à ce que je crois,
el mas discreto, / le plus entendu,
dijo que queria seguir la Iglesia, / dit qu'*il* voulait suivre l'Église,
ó irse á acabar / ou s'*en*-aller à (pour) achever
sus estudios comenzados / ses études commencées
á Salamanca. / à Salamanque.

4. Asi como / 4. Ainsi comme (dès que)
acabamos / *nous* finîmes (eûmes fini)
de concordarnos / de nous-mettre-d'accord
y escoger nuestros ejercicios, / et choisir nos professions,
mi padre nos abrazó á todos, / mon père nous embrassa tous,
y con la brevedad / et avec la célérité
que dijo / qu'*il* dit (qu'il avait dit)
puso por obra / mit par œuvre (réalisa)

que dijo puso por obra cuanto nos habia prometido; y dando á cada uno su parte, que á lo que se me acuerda¹, fueron cada tres mil ducados en dineros, porque un nuestro tio compró toda la hacienda y la pagó de contado, porque no saliese del tronco de la casa, en un mismo dia nos despedimos todos tres de nuestro buen padre, y en aquel mismo, pareciéndome á mí ser inhumanidad que mi padre quedase viejo y con tan poca hacienda, hice con él que de mis tres mil tomase los dos mil ducados, porque á mí me bastaba el resto para acomodarme de lo que habia menester un soldado. Mis dos hermanos, movidos de mi ejemplo, cada uno le dió mil ducados, de modo que á mi padre le quedaron cuatro mil ducados en dineros, y mas tres mil, que á lo que parecia valia la hacienda que le cupo, que no quiso vender, sino quedarse con ella en raices. Digo en fin que nos despedimos dél y de aquel

pace qu'il avait fixé, il réalisa tout ce qu'il nous avait promis; il donna à chacun sa part, qui fut, à ce qu'il me souvient, de trois mille ducats en espèces, parce qu'un de nos oncles acheta tout le patrimoine et le paya comptant, pour ne pas le laisser sortir de la famille. Le même jour donc nous prîmes congé tous trois de notre bon père, et à ce moment, comme il me paraissait inhumain de le laisser sur ses vieux jours avec un si mince avoir, je lui fis accepter deux mille ducats sur mes trois mille; le reste me suffisait bien pour me fournir de ce qui est nécessaire à un soldat. Mes deux frères, excités par mon exemple, lui donnèrent chacun mille ducats, de sorte qu'il lui en resta quatre mille en argent, outre les trois mille que semblait valoir le lot qui lui était échu; il ne voulait pas le vendre, mais le conserver en biens-fonds. Bref, nous nous séparâmes de lui et de l'oncle dont j'ai parlé, non sans atten-

cuanto nos habia prometido;	tout-ce-qu'*il* nous avait promis;
y dando á cada uno su parte,	et en-donnant à chacun sa part,
que, á lo que se me acuerda,	qui, à ce qu'il me souvient,
fueron cada	furent (fut) chacun
tres mil ducados en dineros,	trois mille ducats en argent,
porque un nuestro tio	parce-que un nôtre oncle
compró toda la hacienda	acheta tout l'avoir [comptant),
y la pagó de contado,	et le paya d'*argent* compté (au
porque no saliese	pour-qu'*il* ne sortît pas
del tronco de la casa,	de la souche de la famille,
en un mismo dia	en un même jour
nos despedimos todos tres	*nous* nous séparâmes tous trois
de nuestro buen padre,	de notre bon père,
y en aquel mismo,	et dans ce même *jour*, [parut)
pareciéndome á mí	me-paraissant à moi (comme il me
ser inhumanidad	être (que c'était) inhumanité
que mi padre quedase viejo	que mon père restât vieux
y con tan poca hacienda,	et avec si petit avoir,
hice con él	*je* fis (je m'arrangeai) avec lui
que de mis tres mil	que de mes trois mille *ducats*
tomase los dos mil ducados,	il prît les deux mille ducats (en prît
porque el resto	parce-que le reste [deux mille),
me bastaba á mí	me suffisait à moi
para acomodarme	pour me-fournir
de lo que un soldado	de ce que (de ce dont) un soldat
habia menester.	avait besoin.
Mis dos hermanos,	Mes deux frères,
movidos de mi ejemplo,	mus de (poussés par) mon exemple,
cada uno le dió mil ducados,	chacun lui donna mille ducats,
de modo que á mi padre	de façon que à mon père
le quedaron cuatro mil ducados	lui restèrent quatre mille ducats
en dineros,	en argent,
y mas tres mil,	et *de* plus trois mille,
que, á lo que parecia,	que, à ce qui paraissait,
valia la hacienda	valait l'avoir
que le cupo,	qui lui échut (lui était échu),
que no quiso vender,	qu'*il* ne voulut pas vendre,
sino	mais-plutôt
quedarse con ella	se-garder avec lui (le conserver)
en raices.	en biens-fonds.
Digo en fin	Je dis enfin
que nos despedimos dél	que *nous* nous séparâmes de-lui
y de aquel tio nuestro	et de cet oncle nôtre
que he dicho,	que *j'*ai dit,

nuestro tio que he dicho, no sin mucho sentimiento y lágrimas de todos, encargándonos que les hiciésemos saber, todas las veces que hubiese comodidad para ello, de nuestros sucesos prósperos ó adversos. Prometímoselo, y abrazándonos y echándonos su bendicion, el uno tomó el viaje de Salamanca, el otro de Sevilla, y yo el de Alicante, adonde tuve nuevas que habia una nave genovesa que cargaba allí lana para Génova. Este hará veinte y dos años que salí de casa de mi padre, y en todos ellos, puesto que he escrito algunas cartas, no he sabido dél ni de mis hermanos nueva alguna, y lo que en este discurso de tiempo he pasado lo diré brevemente.

5. Embarquéme en Alicante, llegué con próspero viaje á Génova, fuí desde allí á Milan, donde me acomodé de armas y de algunas galas de soldado, de donde quise ir á asentar mi plaza al Piamonte, y estando ya de camino para Alejandría

drissement et sans beaucoup de larmes de part et d'autre. Ils nous recommandèrent de les informer, toutes les fois que nous aurions une occasion, de nos chances bonnes ou mauvaises. Nous le promîmes; mon père nous embrassa et nous donna sa bénédiction; l'un alors prit le chemin de Salamanque, l'autre de Séville, et moi d'Alicante, où j'avais appris que se trouvait un vaisseau génois qui chargeait de la laine pour Gênes. Il va y avoir vingt-deux ans que je suis sorti de la maison de mon père, et pendant tout ce temps, bien que j'aie écrit plusieurs lettres, je n'ai reçu aucunes nouvelles de lui ni de mes frères. Quant à ce qui m'est arrivé dans cet intervalle, je vais vous en faire un court récit.

5. Je m'embarquai donc à Alicante, et j'arrivai à Gênes après une heureuse traversée; de là je me rendis à Milan, où j'achetai des armes et quelques équipements militaires. Je voulais aller m'engager au service du Piémont, et déjà j'étais en route pour

no sin mucho sentimiento	non sans beaucoup-de chagrin
y lágrimas de todos,	et *de* larmes de tous,
encargándonos	en-nous-recommandant
que les hiciésemos saber,	que *nous* leur fissions savoir,
todas las veces	toutes les fois
que hubiese comodidad	qu'il y eût (aurait) commodité
para ello,	pour cela,
de nuestros sucesos	*des nouvelles* de nos événements
prósperos ó adversos.	heureux ou contraires.
Prometímoselo,	*Nous* le-leur-promîmes,
y abrazándonos	et en-nous-embrassant [tion,
y echándonos su bendicion,	et en-nous-donnant leur bénédic-
el uno tomó el viaje	l'un prit le chemin
de Salamanca,	de Salamanque,
el otro de Sevilla,	l'autre de Séville,
y yo el de Alicante,	et moi celui d'Alicante,
adonde tuve nuevas	où *j'*eus nouvelles
que habia una nave genovesa	qu'il y avait un vaisseau génois
que cargaba allí lana	qui chargeait là *de la* laine
para Génova.	pour Gênes.
Este hará	Cette *année*-ci fera
viente y dos años	vingt et deux années
que salí	que *je* sortis
de casa de mi padre,	de *la* maison de mon père,
y en ellos todos,	et en elles toutes (eu tout ce temps),
puesto que he escrito	bien que *j'*ai (j'aie) écrit
algunas cartas,	plusieurs lettres,
no he sabido nueva alguna dél	*je* n'ai su nouvelle aucune de-lui
ni de mis hermanos,	ni de mes frères,
y lo que he pasado	et ce que *j'*ai éprouvé
en este discurso de tiempo,	dans ce cours de temps,
lo diré brevemente.	*je* le dirai brièvement. [cante,
5. Embarquéme en Alicante,	5. *Je* m'embarquai en (à) Ali-
llegué á Génova	*j'*arrivai à Gênes
con próspero viaje,	avec heureux voyage,
fuí desde allí á Milan,	*je* fus de là à Milan,
donde me acomodé de armas	où *je* me fournis d'armes
y de algunas galas	et de quelques équipements
de soldado,	de soldat,
de donde quise ir	d'où *je* voulus aller
al Piamonte	au (en) Piémont
á asentar mi plaza,	à (pour) conclure mon enrôlement,
y estando ya de camino	et étant déjà de (en) route
para Alejandria de la Palla	pour Alexandrie de la Paille

de la Palla¹ tuve nuevas que el gran duque de Alba pasaba á Flandes. Mudé propósito, fuíme con él, servíle en las jornadas que hizo, halléme en la muerte de los condes de Eguemont y de Hornos², alcancé á ser alférez de un famoso capitan de Guadalajara llamado Diego de Urbina³, y á cabo de algun tiempo que llegué á Flandes se tuvo nuevas de la liga que la Santidad del papa Pio Quinto de felice recordacion habia hecho con Venecia y con España contra el enemigo comun, que es el Turco, el cual en aquel mismo tiempo habia ganado con su armada la famosa isla de Chipre, que estaba debajo del dominio de Venecianos: pérdida lamentable y desdichada. Súpose cierto que venia por general desta liga el serenísimo D. Juan de Austria, hermano natural de nuestro buen rey D. Felipe : divulgóse el grandísimo apa-

Alexandrie de la Paille, quand j'appris que le célèbre duc d'Albe passait en Flandre. Je changeai d'idée et partis avec lui : je figurai sous ses ordres dans les batailles qu'il livra, j'assistai à la mort des comtes d'Egmont et de Horn, et je devins enseigne d'un célèbre capitaine de Guadalaxara, Diégo de Urbina. J'étais déjà depuis quelque temps en Flandre, quand on reçut la nouvelle de la ligue que Sa Sainteté le pape Pie V, d'heureuse mémoire, venait de conclure avec Venise et avec l'Espagne contre l'ennemi commun, c'est-à-dire le Turc. Le sultan, à cette même époque, avait conquis avec sa flotte la fameuse île de Chypre, qui était sous la domination des Vénitiens : perte malheureuse et déplorable. On eut la certitude que le sérénissime don Juan d'Autriche, frère naturel de notre bon roi don Philippe, venait prendre le commandement de la ligue; on parlait des immenses préparatifs qui se faisaient

tuve nuevas	j'eus nouvelles
que el gran duque de Alba	que le grand duc d'Albe
pasaba á Flandes.	passait à (en) Flandre.
Mudé propósito,	Je changeai de dessein,
fuime con él,	je m'en-fus avec lui,
servíle	je le-servis [fit,
en las jornadas que hizo,	dans les journées (batailles) qu'*il*
halléme en la muerte	je me-trouvai en (à) la mort
de los condes de Eguemont	des comtes d'Egmont
y de Hornos,	et de Horn,
alcancé á ser alférez	j'obtins à être (d'être) enseigne
de un famoso capitan	d'un fameux capitaine
de Guadalajara	de Guadalaxara
llamado Diego de Urbina,	appelé Diego de Urbina,
y á cabo de algun tiempo	et à (au) bout de quelque temps
que llegué	que j'arrivai (que je fus arrivé)
á Flandes,	à (en) Flandre,
se tuvo nuevas de la liga	on eut nouvelles de la ligue
que la Santidad	que la Sainteté
del papa Pio Quinto	du pape Pie Cinquième
de felice recordacion	d'heureuse mémoire
habia hecho	avait faite
con Venecia y con España	avec Venise et avec Espagne
contra el enemigo comun,	contre l'ennemi commun,
que es el Turco,	qui est le Turc,
el cual en aquel mismo tiempo	lequel en ce même temps
habia ganado	avait conquis
con su armada	avec sa flotte
la famosa isla de Chipre,	la fameuse île de Chypre,
que estaba debajo del dominio	qui était sous la domination
de Venecianos :	de (des) Vénitiens :
pérdida lamentable	perte déplorable
y desdichada.	et malheureuse.
Se supo cierto	On sut certainement
que el serenísimo don Juan	que le sérénissime don Juan
de Austria,	d'Autriche,
hermano natural	frère naturel
de nuestro buen rey	de notre bon roi
don Felipe,	don Philippe,
venia por general	venait pour *être* général
desta liga :	de-cette ligue :
el grandísimo aparato	le très-grand préparatif
de guerra	de guerre
que se hacia	qui se faisait

rato de guerra que se hacia, todo lo cual me incitó y conmovió el ánimo y el deseo de verme en la jornada que se esperaba; y aunque tenia barruntos y casi premisas ciertas de que en la primera ocasion que se ofreciese seria promovido á capitan, lo quise dejar todo y venirme, como me vine, á Italia; y quiso mi buena suerte que el señor D. Juan de Austria acababa de llegar á Génova, que pasaba á Nápoles á juntarse con la armada de Venecia, como despues lo hizo en Mecina.

6. Digo en fin que yo me hallé en aquella felicísima jornada[1] ya hecho capitan de infantería, á cuyo honroso cargo me subió mi buena suerte mas que mis merecimientos; y aquel dia que fué para la cristiandad tan dichoso, porque en él se desengañó el mundo y todas las naciones del error en que estaban, creyendo que los Turcos eran invencibles por la mar, en aquel dia, digo, donde quedó el orgullo y soberbia

pour la guerre : tout cela m'émut l'esprit et m'inspira le désir de prendre part à la campagne sur laquelle on comptait. Quoique j'eusse l'espérance et presque l'assurance complète d'être fait capitaine à la première occasion qui se présenterait, je voulus tout quitter et me rendre en Italie, ce que je fis en effet. Mon heureuse destinée fit que le seigneur don Juan d'Autriche venait d'arriver à Gênes et partait pour Naples afin de se joindre à la flotte de Venise, qu'il trouva plus tard à Messine.

6. Bref, j'étais à cette bienheureuse journée comme capitaine d'infanterie, grade honorable où ma bonne chance m'avait porté plutôt que mon mérite. Mais dans ce jour si fortuné pour la chrétienté, où toutes les nations de l'univers furent désabusées et cessèrent de croire que les Turcs étaient invincibles sur mer, dans ce jour où l'orgueil superbe des Ottomans fut brisé, parmi tant

divulgóse,	s'ébruita,
todo lo cual	tout lequel (et tout cela)
me incitó y conmovió el ánimo	m'excita et émut l'âme
el deseo	et le désir
de verme en la jornada	de me-voir dans l'expédition
que se esperaba :	que l'on attendait :
y aunque	et quoique
tenia barruntos	j'avais (j'eusse) pressentiments
y casi premisas ciertas	et presque indices certains
de que en la primera ocasion	de ce que en la première occasion
que se ofreciese	qui s'offrit (s'offrirait)
seria promovido	je serais promu
á capitan,	à (au grade de) capitaine,
lo quise dejar todo	je le voulus (je voulus) quitter tout
y venirme, como me vine,	et m'en-venir, comme je m'en [vins,
á Italia;	à (en) Italie;
y mi buena suerte quiso	et ma bonne destinée voulut
que el señor don Juan	que le seigneur don Juan
de Austria	d'Autriche
acababa de llegar á Génova,	achevait (venait) d'arriver à Gênes,
que pasaba á Nápoles	qu'il passait à Naples
á juntarse	à (pour) se-joindre
con la armada de Venecia,	avec la flotte de Venise,
como despues lo hizo	comme depuis il le fit
en Mecina.	en (à) Messine.
6. Digo en fin	6. Je dis enfin
que yo me hallé	que je me trouvai
en aquella felicísima jornada	dans cette très-heureuse journée
ya hecho capitan de infantería,	déjà fait capitaine d'infanterie,
á cuyo honroso cargo	auquel honorable emploi
me subió mi buena suerte	m'éleva ma bonne destinée
mas que mis merecimientos;	plus que mes mérites;
y aquel dia,	et ce jour,
que fué tan dichoso	qui fut si heureux
para la cristiandad,	pour la chrétienté,
porque en él	parce-que en lui
se desengañó el mundo	se désabusa le monde
todas las naciones	et toutes les nations
del error en que estaban,	de l'erreur dans laquelle ils étaient,
creyendo que los Turcos	en-croyant que les Turcs
eran invencibles por la mar,	étaient invincibles par (sur) la mer,
en aquel dia, digo,	dans ce jour, dis-je,
donde el orgullo	où l'orgueil
y soberbia otomana	et l'arrogance ottomane

otomana quebrantada, entre tantos venturosos como allí
hubo (porque mas ventura tuvieron los cristianos que allí
murieron que los que vivos y vencedores quedaron) yo solo
fuí el desdichado, pues en cambio de que pudiera esperar, si
fuera en los romanos siglos, alguna naval corona, me ví
aquella noche que siguió á tan famoso dia con cadenas á los
piés y esposas á las manos, y fué desta suerte : que habiendo
el Uchalí[1], rey de Argel, atrevido y venturoso corsario, embestido y rendido la capitana de Malta, que solos tres caballeros[2] quedaron vivos en ella, y estos mal heridos, acudió la
capitana de Juan Andrea[3] á socorrella, en la cual yo iba con
mi compañía, y haciendo lo que debia en ocasion semejante
salté en la galera contraria, la cual desviándose de la que la
habia embestido, estorbó que mis soldados me siguiesen, y
así me hallé solo entre mis enemigos, á quien no pude resistir
por ser tantos; en fin me rindieron lleno de heridas, y como

d'hommes heureux (car les chrétiens qui succombèrent furent
moins à plaindre que ceux qui demeurèrent vivants et vainqueurs),
je fus seul misérable : au lieu de la couronne navale que j'aurais
pu espérer dans les temps de Rome, je me vis, la nuit qui suivit
cette illustre journée, les chaînes aux pieds et les fers aux mains.
Voici comment cela m'arriva : Uchali, roi d'Alger, intrépide et
heureux corsaire, avait attaqué et pris la capitane de Malte, où il
ne resta de vivants que trois chevaliers, encore étaient-ils grièvement blessés. La galère de Jean André vola au secours ; j'y étais
avec ma compagnie, je fis ce que je devais faire en pareille occasion, je sautai dans la galère ennemie; mais comme elle s'éloigna
du bâtiment qui venait de l'assaillir, mes soldats ne purent me
suivre, et ainsi je me trouvai seul au milieu des ennemis. Je fus
hors d'état de résister à un si grand nombre ; enfin ils me prirent

quedó quebrantada,	demeura brisée (furent brisés),
entre tantos venturosos	parmi tant-d'heureux
como hubo allí	comme il y *en* eut là
(porque los cristianos	(parce-que les chrétiens
que murieron allí	qui moururent là
tuvieron mas ventura	eurent plus-de bonheur
que los que quedaron	que ceux qui restèrent
vivos y vencedores),	vivants et vainqueurs),
yo solo fui el desdichado,	moi seul fus le malheureux,
pues en cambio	car au lieu [pérer,
de que pudiera esperar,	de *ce* que *je* pusse (j'aurais pu) es-
si fuera	si *je* fusse (si j'avais été)
en los siglos romanos,	dans les siècles romains,
alguna corona naval,	quelque couronne navale,
me ví aquella noche	*je* me vis cette nuit [jour
que siguió á tan famoso dia	qui fit-suite à (suivit) *un* si fameux
con cadenas á los piés	avec chaînes aux pieds
y esposas á las manos,	et menottes aux mains,
y fué desta suerte :	et *cela* fut (arriva) de-cette sorte :
que el Uchali, rey de Argel,	que le *nommé* Uchali, roi d'Alger,
atrevido y venturoso corsario,	intrépide et heureux corsaire,
habiendo embestido y rendido	ayant attaqué et pris
la capitana de Malta,	la capitane de Malte,
que tres caballeros solos	que trois chevaliers seuls
quedaron vivos en ella,	restèrent vivants dans elle,
y estos mal heridos,	et ceux-ci mal (grièvement) blessés,
la capitana de Juan Andrea	la capitane de Jean André
acudió á socorrella,	accourut à (pour) la-secourir,
en la cual yo iba	sur la quelle j'allais
con mi compañía,	avec ma compagnie.
y haciendo lo que debia	et en faisant ce que *je* devais
en ocasion semejante	en occasion semblable,
salté en la galera contraria;	*je* sautai dans la galère ennemie,
la cual desviándose	la quelle en-s'écartant
de la que la habia embestido,	de celle qui l'avait attaquée,
estorbó que mis soldados	empêcha que mes soldats
me siguiesen,	*ne* me suivissent,
y así me hallé solo	et ainsi *je* me trouvai seul
entre mis enemigos,	entre mes ennemis,
á quien no pude resistir	à qui *je* ne pus résister
por ser	pour être (parce qu'ils étaient)
tantos;	si-nombreux;
en fin me rindieron	enfin *ils* me prirent
lleno de heridas,	plein (couvert) de blessures,

ya habeis, señores, oido decir que el Uchalí se salvó con toda su escuadra, vine yo á quedar cautivo en su poder, y solo fuí el triste entre tantos alegres, y el cautivo entre tantos libres, porque fueron quince mil cristianos los que aquel dia alcanzaron la deseada libertad, que todos venian al remo en la turquesca armada.

7. Lleváronme á Constantinopla, donde el Gran Turco Selin hizo general de la mar á mi amo porque habia hecho su deber en la batalla, habiendo llevado por muestra de su valor el estandarte de la religion de Malta. Halléme el segundo año, que fué el de setenta y dos, en Navarino, bogando en la capitana de los tres fanales [1]. Ví y noté la ocasion que allí se perdió de no coger en el puerto toda la armada turquesca, porque todos los levantes [2] y genízaros que en ella venian tuvieron por cierto que les habian de embestir dentro del

tout couvert de blessures, et, comme vous savez, seigneurs, que Uchali se sauva avec toute son escadre, je restai en son pouvoir, seul triste lorsque tant d'autres étaient joyeux, seul prisonnier lorsque tant d'autres étaient libres, car ce jour-là quinze mille chrétiens qui ramaient sur la flotte ottomane, recouvrèrent la liberté après laquelle ils soupiraient.

7. On me conduisit à Constantinople, où le sultan Sélim fit mon maître général de la mer, pour le récompenser de sa conduite dans cette bataille : il avait remporté, comme trophée de sa valeur, l'étendard de la religion de Malte. La seconde année, qui fut l'an 1672, je me trouvai à Navarin; je ramais sur la capitane des trois fanaux. Je vis et blâmai la faute que l'on commit en perdant l'occasion de prendre dans le port toute la flotte turque ; car déjà les levantins et les janissaires qui la montaient, persuadés qu'on allait les attaquer dans le port même, préparaient leurs

y como ya, señores,	et comme déjà, seigneurs,
habeis oido decir	*vous* avez entendu dire
que el Uchalí se salvó	que l'Uchalí se sauva
con toda su escuadra,	avec toute son escadre,
yo vine á quedar cautivo	je vins à rester captif
en su poder,	en son pouvoir,
y solo fuí el triste	et seul *je* fus le triste
entre tantos alegres,	entre tant-de joyeux,
y el cautivo	et le captif
entre tantos libres,	entre tant-de libres,
porque quince mil cristianos	puisque quinze mille chrétiens
fueron los que aquel dia	furent ceux qui ce jour-là
alcanzaron la libertad deseada,	obtinrent la liberté souhaitée,
que todos	qui tous
venian al remo	venaient à la rame (ramaient)
en la armada turquesca.	dans (sur) la flotte turque.
7. Lleváronme	7. *Ils* me-conduisirent
á Constantinopla,	à Constantinople,
donde el Grand Turco Selin	où le Grand Turc Sélim
hizo á mi amo	fit mon maître
general de la mar,	général de la mer,
porque habia hecho su deber	parce qu'*il* avait fait son devoir
en la batalla,	dans la bataille,
habiendo llevado	ayant remporté
por muestra de su valor	pour marque de sa valeur
el estandarte	l'étendard
de la religion de Malta.	de la religion de Malte.
Halléme el segundo año,	*Je* me-trouvai la seconde année,
que fué el de setenta y dos,	qui fut celle de soixante-dix et deux,
en Navarino,	à Navarin,
bogando en la capitana	ramant sur la capitane
de los tres fanales.	des trois fanaux.
Ví y noté la ocasion	*Je* vis et blâmai l'occasion
que se perdió allí,	qui se perdit là
de no coger en el puerto	de ne pas prendre dans le port
toda la armada turquesca,	toute la flotte turque,
porque todos los levantes	parce-que tous les levantins
y genízaros	et *les* janissaires
que venian en ella	qui venaient en (sur) elle
tuvieron por cierto	eurent pour certain [lait)
que les habian	qu'*ils* les avaient *dessein* (qu'on al-
de embestir	d'attaquer (les attaquer)
dentro del puerto mismo,	en-dedans du port même,
y tenian á punto	et tenaient à point (préparaient)

24

mismo puerto, y tenian á punto su ropa y pasamaques, que son sus zapatos, para huirse luego por tierra sin esperar ser combatidos : tanto era el miedo que habian cobrado á nuestra armada; pero el cielo lo ordenó de otra manera, no por culpa ni descuido del general que á los nuestros regia, sino por los pecados de la cristiandad, y porque quiere y permite Dios que tengamos siempre verdugos que nos castiguen. En efecto el Uchalí se recogió á Modon, que es una isla que está junto á Navarino[1], y echando la gente en tierra, fortificó la boca del puerto, y estúvose quedo hasta que el señor D. Juan se volvió.

8. En este viaje se tomó la galera que se llamaba la Presa, de quien era capitan un hijo de aquel famoso corsario Barba Roja. Tomóla la capitana de Nápoles llamada la Loba, regida por aquel rayo de la guerra, por el padre de los soldados, por aquel venturoso y jamás vencido capitan D. Alvaro de

---

hardes et leurs babouches, pour fuir aussitôt par terre sans attendre le combat : telle était la terreur que leur avaient inspirée nos vaisseaux. Mais le ciel en ordonna autrement, non par la faute et la négligence du général qui nous commandait, mais à cause des péchés de la chrétienté, parce que Dieu veut et permet que nous ayons toujours des bourreaux pour nous châtier. En effet, Uchali se réfugia à Modon, île voisine de Navarin ; il y débarqua son monde, fortifia l'entrée du port, et s'y tint tranquille jusqu'à ce que le seigneur don Juan se fût éloigné.

8. Dans cette campagne fut capturée la galère nommée *la Prise*, commandée par un fils du fameux corsaire Barberousse. Elle fut emportée par la capitane de Naples *la Louve*, sous les ordres de ce foudre de guerre, de ce père des soldats, de cet heureux et invincible guerrier, don Alvaro de Bazan, marquis de Santa-Cruz.

su ropa y pasamaques,	leurs hardes et babouches,
que son sus zapatos,	qui sont leurs souliers,
para huirse luego por tierra	pour s'-enfuir aussitôt par-terre
sin esperar ser combatidos :	sans attendre *d*'être combattus :
tanto era el miedo	si-grande était la peur
que habian cobrado	qu'*ils* avaient prise
à nuestra armada;	à (de) notre flotte;
pero el cielo le ordenó	mais le ciel l'ordonna
de otra manera,	d'autre manière,
no por culpa ni descuido	non par faute ni négligence
del general	du général
que regia á los nuestros,	qui commandait les nôtres,
sino por los pecados	mais-plutôt par les péchés
de la cristiandad,	de la chrétienté,
y porque Dios quiere y permite	et parce-que Dieu veut et permet
que tengamos siempre	que nous ayons toujours
verdugos	*des* bourreaux
que nos castiguen.	qui nous châtient.
En efecto el Uchali	En effet l'Uchali
se recogió á Modon,	se retira à Modon,
que es una isla	qui est une île
que está junto á Navarino,	qui est près à (de) Navarin,
y echando la gente	et jetant le monde (ses troupes)
en tierra,	en (à) terre,
fortificó la boca del puerto,	fortifia la bouche du port,
y estúvose quedo	et se-tint tranquille
hasta que el señor don Juan	jusqu'à ce que le seigneur don Juan
se volvió.	se retira.
8. En este viaje	8. En cette campagne
se tomó la galera	on prit la galère
que se llamaba la Presa,	qui s'appelait la Prise,
de quien era capitan	de laquelle était capitaine
un hijo	un fils
de aquel famoso corsario	de ce fameux corsaire
Barba Roja.	Barbe Rousse.
La capitana de Nápoles	La capitane de Naples
llamada la Loba	appelée la Louve
tomóla,	la-prit,
regida por aquel rayo	*la Louve* commandée par ce foudre
de la guerra,	-de la guerre (de guerre),
por el padre de los soldados,	par le père des soldats,
por aquel capitan	par ce capitaine
venturoso y jamas vencido	heureux et jamais vaincu
Don Alvaro de Bazan,	Don Alvaro de Bazan,

2

Bazan, marqués de Santa Cruz¹; y no quiero dejar de decir lo que sucedió en la presa de la Presa. Era tan cruel el hijo de Barba Roja, y trataba tan mal á sus cautivos, que así como los que venian al remo vieron que la galera Loba les iba entrando y que los alcanzaba, soltaron todos á un tiempo los remos, y asieron de su capitan, que estaba sobre el estanterol² gritando que bogasen apriesa, y pasándole de banco en banco, de popa á proa, le dieron tantos bocados, que á poco mas que pasó del árbol ya habia pasado su ánima al infierno: tal era, como he dicho, la crueldad con que los trataba, y el odio que ellos le tenian³.

9. Volvimos á Constantinopla, y el año siguiente, que fué el de setenta y tres, se supo en ella como el señor D. Juan habia ganado á Túnez, y quitado aquel reino á los turcos, y puesto en posesion dél á Muley Hamet⁴, cortando las espe-

---

Je ne veux pas passer sous silence ce qui arriva dans cette capture de *la Prise*. Le fils de Barberousse était si cruel et maltraitait tant ses captifs, que les rameurs, voyant *la Louve* leur donner la chasse et les atteindre, lâchèrent tous en même temps les rames, saisirent leur capitaine qui, sur son banc, leur criáit de faire force de rames, et se le passant de rang en rang, de la poupe à la proue, lui donnèrent tant de coups de dents qu'avant d'avoir atteint le mât il avait rendu son âme à l'enfer : telle était, comme je l'ai dit, sa cruauté envers eux et leur haine envers lui.

9. Nous retournâmes à Constantinople, et l'année suivante, en 1573, on y apprit que le seigneur don Juan avait conquis Tunis, enlevé ce royaume aux Turcs et mis en possession Muley-Hamet, enlevant ainsi toute espérance de recouvrer le trône à

marqués de Santa Cruz;	marquis de Santa Cruz;
y no quiero dejar de decir	et *je* ne veux pas omettre de dire
lo que sucedió	ce qui advint
en la presa de la Presa.	dans (à) la prise de la Prise.
El hijo de Barba Roja	Le fils de Barbe Rousse
era tan cruel,	était si cruel,
y trataba tan mal	et traitait si mal
á sus cautivos,	ses captifs,
que así como	que ainsi comme (dès que)|meurs
los que venian al remo	ceux qui venaient à la rame (les ra-
vieron que la galera Loba	virent que la galère *la* Louve
les iba entrando	les allait attaquant (venait les atta-
y que los alcanzaba,	et qu'*elle* les atteignait, [quer)
soltaron todos los remos	*ils* lâchèrent tous les rames
á un tiempo,	à un temps (en même temps),
y asieron de su capitan,	et se-saisirent de leur capitaine,
que estaba sobre el estanterol	qui était sur la ganche
gritando que bogasen apriesa,	criant qu'*ils* ramassent vite,
y pasándolo de banco en banco,	et en-le-passant de banc en banc,
de popa á proa,	de poupe à proue,
le dieron	lui donnèrent
tantos bocados,	tant-de coups-de-dents, [eut passé)
que á poco mas que pasó	que à peu plus qu'il passa (à peine il
del árbol,	*au delà* du mât,
su ánima ya habia pasado	son âme déjà avait passé
al infierno :	à l'enfer :
tal era, como he dicho,	telle était, comme *j*'ai dit,
la crueldad	la cruauté
con que los trataba,	avec laquelle *il* les traitait,
y el odio	et la haine
que ellos le tenian.	qu'ils lui avaient (portaient).
9. Volvimos	9. Nous retournâmes
á Constantinopla,	à Constantinople,
y el año siguiente,	et l'année suivante,
que fué el de setenta y tres,	qui fut celle de soixante-dix et trois,
se supo en ella	on sut en elle (à Constantinople)
como el señor don Juan	comment le seigneur don Juan
habia ganado á Túnez,	avait conquis Tunis,
y quitado aquel reino	et ôté ce royaume
á los turcos,	aux Turcs,
y puesto en posesion dél	et mis en possession de-lui
á Muley Hamet,	Muley Hamet,
cortando las esperanzas	en-coupant les espérances
que tenia de volver	qu'avait de revenir

ranzas que de volver á reinar en él tenia Muley Hamida, el moro mas cruel y mas valiente que tuvo el mundo. Sintió mucho esta pérdida el Gran Turco, y usando de la sagacidad que todos los de su casa tienen, hizo paz con venecianos, que mucho mas que él la deseaban, y el año siguiente de setenta y cuatro acometió á la Goleta y al fuerte que junto á Túnez habia dejado medio levantado el señor D. Juan[1]. En todos estos trances andaba yo al remo, sin esperanza de libertad alguna; á lo ménos no esperaba tenerla por rescate, porque tenia determinado de no escribir las nuevas de mi desgracia á mi padre. Perdióse en fin la Goleta, perdióse el fuerte, sobre las cuales plazas hubo de soldados turcos pagados setenta y cinco mil, y de moros y alárabes de toda la Africa mas de cuatrocientos mil, acompañado este tan gran número de gente con tantas municiones y pertrechos de guerra, y con tantos gastadores, que con las manos y á puñados de tierra pudieran cubrir la Goleta y el fuerte.

Muley-Hamida, le More le plus barbare et le plus vaillant qu'il y ait eu dans le monde. Le Grand Turc sentit vivement cette perte; usant de la sagacité naturelle à tous ceux de sa maison, il conclut la paix avec les Vénitiens qui la désiraient bien plus que lui, et l'année d'après, 1574, il vint attaquer la Goulette et le fort que le seigneur don Juan avait laissé à moitié construit auprès de Tunis. Pendant toutes ces péripéties, je maniais la rame, sans aucun espoir de délivrance; du moins je ne comptais pas être racheté, ayant résolu de ne pas écrire à mon père la nouvelle de ma disgrâce. Enfin on perdit la Goulette, on perdit le fort, car ces deux places furent assaillies par soixante-cinq mille soldats turcs payés et plus de quatre cent mille Mores et Arabes venus de toute l'Afrique; cette multitude était accompagnée de tant de munitions, de matériel de guerre, de maraudeurs, qu'avec leurs mains seules et des poignées de terre ils auraient pu couvrir la Goulette et le fort.

á reinar en él	à (pour) régner en lui
Muley Hamida,	Muley Hamida,
el moro mas cruel	le more *le* plus cruel
y mas valiente	et *le* plus vaillant
que tuvo el mundo.	qu'eut le monde.
El Gran Turco	Le Grand Turc
sintió mucho esta pérdida,	ressentit beaucoup cette perte,
y usando de la sagacidad	et usant de la sagacité
que todos los de su casa tienen,	que tous ceux de sa maison ont,
hizo paz con venecianos,	fit *la* paix avec les Vénitiens,
que la deseaban	qui la désiraient
mucho mas que él,	beaucoup plus que lui,
y el año siguiente	et l'année suivante
de setenta y cuatro	de soixante-dix et quatre
acometió á la Goleta	livra-attaque à la Goulette
y al fuerte que el señor don Juan	et au fort que le seigneur don Juan
habia dejado medio levantado	avait laissé demi bâti
junto á Túnez.	près à (de) Tunis.
En todos estos trances	Dans tous ces dangers
yo andaba al remo,	j'allais à la rame,
sin esperanza alguna	sans espérance aucune
de libertad;	de liberté;
á lo ménos no esperaba	au moins *je* n'espérais pas
tenerla por rescate,	l'-avoir par rançon,
porque tenia determinado	parce-que *j*'avais résolu
de no escribir á mi padre	de ne pas écrire à mon père
las nuevas de mi desgracia.	les nouvelles de ma mésaventure.
Perdióse en fin la Goleta,	On-perdit enfin la Goulette,
perdióse el fuerte,	on-perdit le fort,
sobre las cuales plazas	sur les quelles places
hubo de soldados turcos pagados	il y eut de soldats turcs payés
setenta y cinco mil,	soixante-dix et cinq mille,
y de moros y alárabes	et de Mores et Arabes
de toda la Africa	de toute l'Afrique
mas de cuatrocientos mil,	plus de quatre-cent mille,
este tan gran número de gente	ce si grand nombre de monde
acompañado	accompagné
con tantas municiones	avec (de) tant-de munitions
y pertrechos de guerra,	et *de* matériels de guerre,
y con tantos gastadores,	et avec (de) tant-de maraudeurs,
que con las manos	que avec les mains
y á puñados de tierra	et à (avec des) poignées de terre
pudieran cubrir	ils pussent (auraient pu) couvrir
la Goleta y el fuerte.	la Goulette et le fort.

10. Perdióse primero la Goleta, tenida hasta entónces por inexpugnable, y no se perdió por culpa de sus defensores, los cuales hicieron en su defensa todo aquello que debian y podian, sino porque la experiencia mostró la facilidad con que se podian levantar trincheras en aquella desierta arena, porque á dos palmos se hallaba agua, y los turcos no la hallaron á dos varas[1], y así con muchos sacos de arena levantaron las trincheras tan altas, que sobrepujaban las murallas de la fuerza, y tirándoles á caballero[2], ninguno podia parar ni asistir á la defensa. Fué comun opinion que no se habian de encerrar los nuestros en la Goleta, sino esperar en campaña al desembarcadero: los que esto dicen hablan de léjos y con poca experiencia de casos semejantes; porque si en la Goleta y en el fuerte apenas habia siete mil soldados, ¿cómo podia tan poco número, aunque mas esforzados fuesen, salir

10. On perdit d'abord la Goulette, jusqu'alors réputée imprenable, et ce ne fut pas la faute de ses défenseurs, car ils firent pour la sauver tout ce qu'ils devaient et tout ce qu'ils pouvaient; mais l'expérience montra combien il était facile d'élever des tranchées dans ce désert de sable, où l'eau, disait-on, se trouvait à deux palmes, et où les Turcs ne la trouvèrent pas à deux vares; aussi ils donnèrent à leurs tranchées, à force de sacs de sable, une telle hauteur, qu'ils dominaient les remparts de la forteresse, et, comme ils tiraient d'en haut, personne ne pouvait éviter leurs atteintes ni concourir à la défense. L'opinion générale fut que les nôtres ne devaient pas s'enfermer dans la Goulette, mais attendre en rase campagne le débarquement. Ceux qui disent cela parlent de loin et avec peu de connaissance des événements de cette nature, car il y avait dans la Goulette et dans le fort à peine sept mille soldats; comment cette poignée d'hommes, fussent-ils les plus vaillants de la terre, auraient-ils pu tenir la campagne et se me-

LE CAPTIF. 31

10. Perdióse primero la Goleta,	10. On-perdit d'abord la Goulette,
tenida hasta entónces por inexpugnable,	tenue jusqu'alors pour imprenable,
y no se perdió	et *elle* ne se perdit pas
por culpa de sus defensores,	par *la* faute de ses défenseurs,
los cuales hicieron en su defensa	lesquels firent en sa défense
todo aquello que debian y podian,	tout ce qu'*ils* devaient et pouvaient,
sino porque la experiencia	mais parce-que l'expérience
mostró la facilidad	montra la facilité
con que	avec laquelle
se podian levantar trincheras	se pouvaient élever *des* tranchées
en aquella arena desierta,	dans ce sable désert,
porque á dos palmos	parce-que à deux palmes
agua se hallaba,	*l'*eau se trouvait,
y los turcos no la hallaron	et les Turcs ne la trouvèrent pas
á dos varas,	à deux vares,
y así	et ainsi
con muchos sacos de arena	avec beaucoup-de sacs de sable
levantaron las trincheras	ils élevèrent les tranchées
tan altas,	si hautes,
que sobrepujaban las murallas	qu'*elles* dépassaient les murailles
de la fuerza,	de la forteresse,
y tirándoles á caballero,	et en-les-tirant à (au) cavalier,
ninguno podia parar	personne *ne* pouvait s'arrêter
ni asistir á la defensa.	ni aider à la défense.
Opinion comun fué	*L'*opinion commune fut
que los nuestros	que les nôtres
no habian de se encerrar	n'avaient pas *raison* de s'enfermer
en la Goleta,	dans la Goulette,
sino esperar en campaña	mais *d'*attendre en plaine
al desembarcadero :	au débarquement :
los que dicen esto	ceux qui disent cela
hablan de léjos	parlent de loin
y con poca experiencia	et avec peu-d'expérience
de casos semejantes;	de cas semblables;
porque si en la Goleta	puisque si dans la Goulette
y en el fuerte	et dans le fort
apenas habia siete mil soldados,	à-peine il y avait sept mille soldats,
¿cómo tan poco número,	comment *un* si petit nombre,
aunque fuesen mas esforzados,	quand *ils* fussent (eussent été) plus vaillants,
podia salir á la campaña,	pouvait-*il* sortir à (dans) la plaine,

á la campaña, y quedar en las fuerzas contra tanto como era el de los enemigos? ¿ Y cómo es posible dejar de perderse fuerza que no es socorrida, y mas cuando la cercan enemigos muchos y porfiados, y en su misma tierra? Pero á muchos les pareció y así me pareció á mí, que fué particular gracia y merced que el cielo hizo á España en permitir que se asolase aquella oficina y capa de maldades, y aquella gomia ó esponja y polilla de la infinidad de dineros que allí sin provecho se gastaban, sin servir de otra cosa que de conservar la memoria de haberla ganado la felicísima[1] del invictísimo Cárlos V, como si fuera menester para hacerla eterna, como lo es y será, que aquellas piedras la sustentaran.

11. Perdióse tambien el fuerte; pero fuéronle ganando los turcos palmo á palmo, porque los soldados que lo defendian

surer avec une telle multitude d'ennemis? et comment est-il possible de ne pas perdre une forteresse qui n'est pas secourue, surtout quand elle est attaquée par tant d'ennemis acharnés et dans leur propre pays? Mais il parut à beaucoup de monde et à moi aussi que le ciel faisait à l'Espagne une grâce et une faveur particulière en permettant la destruction de cette sentine, de ce réceptacle de vices, de ce gouffre, de ce ver rongeur, de cette éponge qui absorbait tant d'argent gaspillé sans profit, dont la seule utilité était de conserver la mémoire de sa conquête par l'invincible Charles-Quint, comme s'il était nécessaire pour la faire éternelle, et elle le sera, que ces pierres la soutinssent.

11. On perdit aussi le fort, mais les Turcs l'emportèrent pied à pied, et les soldats qui le défendaient combattirent avec tant

y quedar en las fuerzas	et rester dans les forces (lutter)
contra tanto	contre *un* si-grand *nombre*
como era el de los enemigos?	comme était celui des ennemis?
¿Y cómo es posible	Et comment est-*il* possible
dejar de perderse	d'éviter de se-perdre (qu'échappe à
fuerza	*une* forteresse [sa perte]
que no es socorrida,	qui n'est pas secourue,
y mas	et plus *encore* (et surtout)
cuando enemigos muchos	quand *des* ennemis nombreux
y porfiados	et opiniâtres
la cercan,	l'assiégent,
y en su misma tierra?	et dans leur même (propre) terre?
Pero á muchos les pareció	Mais à beaucoup *il* leur parut
y así me pareció á mí	et ainsi *il* me parut à moi
que fué gracia y merced	que *ce* fut *une* grâce et merci
particular	particulière
que el cielo hizo á España	que le ciel fit à *l'*Espagne
en permitir	en permettre (en permettant)
que se asolase	qu'on abattît
aquella oficina y capa	cette officine et enveloppe
de maldades,	d'iniquités,
y aquella gomia	et ce glouton (gouffre)
ó esponja y polilla	ou éponge et ver
de la infinidad de dineros	de l'infinité de deniers
que se gastaban allí	qui se gaspillaient là
sin provecho,	sans profit,
sin servir de otra cosa	sans servir de (à) autre chose
que de conservar la memoria	que de (qu'à) conserver le souvenir
de la felicísima	de *ce que* la très-heureuse *personne*
del invictísimo Cárlos Quinto	du très-invincible Charles Quint
haberla ganado,	l'-avoir (l'avait) conquise,
como si fuera menester	comme s'*il* fût (avait été) besoin
para hacerla eterna,	pour la-faire éternelle,
como lo es y será,	comme *elle* l'est et *le* sera,
que aquellas piedras	que ces pierres
la sustentaran.	la soutinssent.
11. El fuerte	11. Le fort
perdióse tambien;	se perdit (fut perdu) aussi;
pero los turcos	mais les Turcs
fuéron le ganando	furent l'emportant (le conquirent)
palmo á palmo,	palme à palme (pied à pied),
porque los soldados	parce-que les soldats
que lo defendian	qui le défendaient
pelearon	combattirent

pelearon tan valerosa y fuertemente[1], que pasaron de veinte y cinco mil enemigos los que mataron en veinte y dos asaltos generales que les dieron. Ninguno cautivaron sano de trescientos que quedaron vivos, señal cierta y clara de su esfuerzo y valor, y de lo bien que se habian defendido y guardado sus plazas. Rindióse á partido un pequeño fuerte ó torre que estaba en mitad del Estaño[2] á cargo de D. Juan Zanoguera, caballero valenciano y famoso soldado. Cautivaron á D. Pedro Puertocarrero, general de la Goleta, el cual hizo cuanto le fué posible por defender su fuerza, y sintió tanto el haberla perdido, que de pesar murió en el camino de Constantinopla, donde le llevaban cautivo. Cautivaron ansimismo al general del fuerte, que se llamaba Gabrio Cervellon[3], caballero milanés, grande ingeniero y valentísimo soldado. Murieron en estas dos fuerzas muchas personas de cuenta,

d'énergie et de bravoure qu'ils tuèrent plus de vingt-cinq mille ennemis dans les vingt-deux assauts généraux qu'on leur livra. Sur trois cents qui restèrent vivants, pas un ne fut pris sans blessures, preuve certaine et éclatante de leur courage, et de la vigoureuse défense qu'ils firent pour conserver leur poste. Un autre petit fort capitula : c'était une tour bâtie au milieu de l'Estagno, et commandée par don Juan Zanoguera, gentilhomme de Valence et soldat de réputation. Les Turcs firent prisonnier don Pedro Portocarrero, général de la Goulette, qui avait fait tout ce qu'il pouvait pour défendre sa forteresse ; il fut si désolé de l'avoir perdue, qu'il mourut de chagrin dans le trajet de Constantinople, où on le menait en captivité. Ils prirent aussi le commandant du fort, Gabrio Cervellon, gentilhomme milanais, excellent ingénieur et valeureux capitaine. Dans ces deux forts périrent un grand

tan valerosa y fuertemente,	si vaillamment et fortement,
que los que mataron	que ceux qu'*ils* tuèrent
en veinte y dos asaltos generales	en vingt et deux assauts généraux
que les dieron	qu'*ils* (les Turcs) leur donnèrent
pasaron de	furent-au-dessus de
veinte y cinco mil enemigos.	vingt et cinq mille ennemis.
Cautivaron ninguno	*Ils ne* prirent aucun
sano	sain (sans blessure)
de trescientos	de trois-cents
que quedaron vivos,	qui restèrent vivants,
señal cierta y clara	marque certaine et éclatante
de su esfuerzo y valor,	de leur effort et *de leur* vaillance,
y de lo bien	et du bien (de la belle manière)
que se habian defendido	que (dont) *ils* s'avaient (s'étaient) [défendus,
y guardado.	et *avaient* gardé
sus plazas.	leurs places.
Un pequeño fuerte ó torre,	Un petit fort ou tour,
que estaba	qui était
en mitad del Estaño	en (au) milieu de l'Estagno,
á cargo de	à *la* charge de (confié à)
don Juan Zanoguera,	don Juan Zanoguera,
caballero valenciano	gentilhomme de-Valence
y soldado famoso,	et soldat renommé,
rindióse á partido.	se-rendit à capitulation.
Cautivaron	*Ils* prirent
á don Pedro Puertocarrero,	don Pedro Portocarrero,
general de la Goleta,	général de la Goulette,
el cual hizo	le quel fit
cuanto le fué posible	tout-ce-qu'*il* lui fut possible
por defender su fuerza,	pour défendre sa forteresse,
y sintió tanto	et ressentit tellement (eut tant de
el haberla perdido,	le (de) l'-avoir perdue, [chagrin)
que murió de pesar	qu'*il* mourut de chagrin
en el camino	en (sur) le chemin
de Constantinopla,	de Constantinople,
donde le llevaban cautivo.	où *ils* le conduisaient prisonnier.
Cautivaron ansimismo	*Ils* prirent de-même
al general del fuerte,	le général du fort,
que se llamaba	qui se nommait
Gabrio Cervellon,	Gabrio Cervellon,
caballero milanés,	gentilhomme milanais,
grande ingeniero	grand ingénieur
y valentísimo soldado.	et très-valeureux soldat.
Muchas personas de cuenta	Beaucoup-de personnes de marque

36 EL CAUTIVO.

de los cuales fué una Pagan de Oria, caballero del hábito de San Juan, de condicion generoso, como lo mostró la suma liberalidad que usó con su hermano el famoso Juan Andrea de Oria, y lo que mas hizo lastimosa su muerte fué haber muerto á mano de unos alárabes, de quien se fió viendo ya perdido el fuerte, que se ofrecieron de llevarle en hábito de moro á Tabarca, que es un portezuelo ó casa que en aquellas riberas tienen los ginoveses que se ejercitan en la pesquería del coral, los cuales alárabes le cortaron la cabeza y se la trujeron al general de la armada turquesca, el cual cumplió con ellos nuestro refran castellano : que *áunque la traicion aplace, el traidor se aborrèce;* y así se dice que mandó el general ahorcár á los que le trujeron el presente, porque no se le habian traido vivo.

nombre de personnes de qualité, parmi lesquelles Pagan d'Oria, chevalier de l'habit de Saint-Jean, homme d'un caractère généreux, comme le fit voir l'extrême libéralité avec laquelle il traita son frère, le fameux Jean André d'Oria. Ce qui rendit sa mort plus douloureuse encore, c'est qu'il périt par la main de quelques Arabes à qui il s'était confié lorsqu'il vit le fort déjà perdu ; ils s'étaient offerts pour le conduire en costume de More à Tabarca, petit port ou établissement que possèdent sur ce littoral les Génois qui s'adonnent à la pêche du corail. Ces Arabes lui tranchèrent la tête et l'apportèrent au général de la flotte turque; mais celui-ci vérifia sur eux notre vieux proverbe castillan : *La trahison plaît, mais on déteste le traître;* aussi dit-on qu'il fit pendre ceux qui lui offraient ce présent, pour ne lui avoir pas amené d'Oria vivant.

murieron	moururent
en estas dos fuerzas,	dans ces deux forteresses,
de los cuales una	desquelles une
fué Pagan de Oria,	fut Pagan d'Oria,
caballero	chevalier
del hábito de San Juan,	de l'habit de Saint-Jean,
generoso de condicion,	généreux de caractère,
como lo mostró	comme le montra
la suma liberalidad	l'extrême libéralité
que usó con su hermano	que (dont) il usa avec son frère
el famoso Juan Andrea de Oria,	le fameux Jean André d'Oria,
y lo que hizo su muerte	et ce qui fit sa mort
mas lastimosa	plus pitoyable
fué haber muerto	fut d'avoir (d'être) mort
á la mano de unos alárabes,	à (par) la main de quelques Arabes,
de quien se fió	de (à) qui il se confia
viendo el fuerte ya perdido,	en-voyant le fort déjà perdu,
que se ofrecieron de llevarle	qui s'offrirent de (à) le-conduire
en hábito de moro	en habit de More
á Tabarca,	à Tabarca,
que es un portezuelo	qui est un petit-port
ó casa	ou habitation
que tienen en aquellas riberas	qu'ont en (sur) ces rives
los ginoveses	les Génois
que se ejercitan	qui s'exercent
en la pesquería del coral,	en (à) la pêche du corail,
los cuales alárabes	lesquels Arabes
le cortaron la cabeza	lui coupèrent la tête
y se la trujeron	et lui la portèrent (et la portèrent)
al general	au général
de la armada turquesca,	de la flotte turque,
el cual cumplió con ellos	le quel accomplit avec eux
nuestro refran castellano :	notre proverbe castillan :
que « aunque la traicion	que « bien-que la trahison
aplace,	plaît (plaise),
el traidor se aborrece; »	le traître se déteste (est détesté); »
y asi se dice	et ainsi on dit
que el general mandó	que le général ordonna
ahorcar	de pendre
á los que le trujeron	ceux qui lui apportèrent [amené
el presente,	le présent,
porque	parce-que
no se le habian traido	ils ne lui le (le lui) avaient pas
vivo.	vivant.

12. Entre los cristianos que en el fuerte se perdieron fué uno llamado D. Pedro de Aguilar, natural no sé de qué lugar de Andalucía, el cual habia sido alférez[1] en el fuerte, soldado de mucha cuenta y de raro entendimiento; especialmente tenia particular gracia en lo que llaman poesía. Dígolo porque su suerte le trujo á mi galera y á mi banco, y á ser esclavo de mi mismo patron; y antes que nos partiésemos de aquel puerto hizo este caballero dos sonetos á manera de epitafios, el uno á la Goleta y el otro al fuerte, y en verdad que los tengo de decir, porque los sé de memoria, y creo que antes causarán gusto que pesadumbre.

13. En el punto que el cautivo nombró á D. Pedro de Aguilar, D. Fernando miró á sus camaradas, y todos tres se sonrieron, y cuando llegó á decir de los sonetos, dijo el uno:

12. Parmi les chrétiens qui furent pris dans le fort se trouvait un nommé don Pedro d'Aguilar, originaire de je ne sais quel endroit d'Andalousie, qui avait été alférez dans le fort, soldat d'un grand mérite et d'une rare intelligence, doué surtout d'un talent particulier pour ce qu'on appelle la poésie. Je dis cela parce que sa destinée le jeta sur ma galère et à mon banc, et le fit esclave du même patron que moi; avant de quitter le port, ce gentilhomme composa deux sonnets en manière d'épitaphes, l'un sur la Goulette et l'autre sur le fort; et en vérité je suis tenté de vous les dire, car je les sais par cœur, et je crois qu'ils vous donneront plus de plaisir que d'ennui.

13. Au moment où le captif nommait don Pedro d'Aguilar, don Fernand regarda ses compagnons, tous trois sourirent, et quand il vint à parler des sonnets, l'un d'eux lui dit : « Avant que Votre

LE CAPTIF. 39

12. Entre los cristianos	12. Parmi les chrétiens
que se perdieron	qui se perdirent (furent pris)
en el fuerte	dans le fort
fué uno	fut un
llamado don Pedro de Aguilar,	nommé don Pedro d'Aguilar,
natural no sé de qué lugar	natif *je* ne sais de quel endroit
de Andalucia,	d'Andalousie,
el cual habia sido alférez	le quel avait été alférez
en el fuerte,	dans le fort,
soldado de mucha cuenta	soldat de beaucoup-de distinction
y de raro entendimiento;	et de rare intelligence;
especialmente tenia	spécialement *il* avait
gracia particular	*une* grâce particulière [pelle)
en lo que llaman	dans ce qu'*ils* appellent (qu'on ap-
poesía.	poésie.
Dígolo porque su suerte	*Je* le-dis parce-que son sort
le trujo á mi galera	l'amena à ma galère
y á mi banco,	et à mon banc,
y á ser esclavo	et à être esclave [tron que moi);
de mi mismo patron;	de mon même patron (du même pa-
y antes	et avant
que nos partiésemos	que *nous* nous éloignassions
de aquel puerto	de ce port
este caballero	ce gentilhomme
hizo dos sonetos	fit deux sonnets
á manera de epitafios,	à (en) manière d'épitaphes,
el uno á la Goleta	l'un à (sur) la Goulette
y el otro al fuerte;	et l'autre au (sur le) fort;
y en verdad	et en vérité [vie de les dire),
que los tengo de decir,	que *je* les ai *envie* de dire (j'ai en-
porque los sé de memoria,	parce que *je* les sais de mémoire,
y creo	et *je* crois
que causarán gusto	qu'*ils* causeront *du* plaisir
antes que pesadumbre.	avant (plutôt) que *de* l'ennui.
13. En el punto	13. Dans le moment
que el cautivo	que (où) le captif
nombró á don Pedro de Aguilar,	nomma don Pedro d'Aguilar,
don Fernando	don Fernand
miró á sus camaradas,	regarda ses camarades,
y todos tres	et tous trois
se sonrieron,	se sourirent (firent un sourire),
y cuando llegó	et quand il vint
á decir de los sonetos,	à parler des sonnets,
el uno dijo:	l'un *d'eux* dit:

«Antes que vuestra merced pase adelante, le suplico me diga qué se hizo ese D. Pedro de Aguilar que ha dicho. —Lo que sé es, respondió el cautivo, que al cabo de dos años que estuvo en Constantinopla se huyó en traje de arnaute [1] con un griego espía, y no sé si vino en libertad, puesto que creo que sí, porque de allí á un año ví yo al griego en Constantinopla, y no le pude preguntar el suceso de aquel viaje. —Pues así fué, respondió el caballero, porque ese D. Pedro es mi hermano, y está ahora en nuestro lugar bueno y rico, casado, y con tres hijos. —Gracias sean dadas á Dios, dijo el cautivo, por tantas mercedes como le hizo, porque no hay en la tierra, conforme á mi parecer, contento que se iguale á alcanzar la libertad perdida. —Y mas, replicó el caballero, que yo sé los sonetos que mi hermano hizo. —Dígalos pues vuesa [2] merced, dijo el

Seigneurie aille plus loin, je la supplie de me dire ce qu'est devenu ce don Pedro d'Aguilar qu'elle a nommé. — Ce que je sais, répondit le captif, c'est qu'au bout de deux années qu'il passa à Constantinople il s'enfuit sous des habits d'Arnaute avec un espion grec; j'ignore s'il recouvra la liberté, mais pourtant je le crois, car un an après je vis le Grec à Constantinople, sans pouvoir m'informer du succès de leur voyage. —Vous croyez la vérité, répondit le gentilhomme, car ce don Pedro est mon frère, et il est aujourd'hui dans notre pays, bien portant, riche, marié, père de trois fils. —Grâces soient rendues à Dieu, dit le captif, pour tant de faveurs qu'il lui a faites, car à mon gré il n'y a pas en ce monde de satisfaction égale à celle de recouvrer sa liberté perdue. —Au reste, poursuivit le gentilhomme, je sais les sonnets que mon frère a faits. — Que Votre Seigneurie les dise donc, reprit le captif, elle

« Antes que vuestra merced pase adelante, le suplico me diga qué se hizo ese don Pedro de Aguilar que ha dicho.	« Avant que Votre Grâce passe en-avant (continue), je la supplie qu'*elle* me dise quoi se fit (qu'est devenu) ce don Pedro d'Aguilar qu'*elle* a dit.
— Lo que sé, respondió el cautivo, es que al cabo de dos años que estuvo en Constantinopla, se huyó en traje de arnaute con un espía griego, y no sé si vino en libertad, puesto que creo que sí, porque de allí á un año yo vi al griego en Constantinopla, y no le pude preguntar el suceso de aquel viaje.	— Ce que *je* sais, répondit le captif, est que au bout de deux ans qu'*il* fut en (à) Constantinople, *il* s'enfuit en habit d'Arnaute avec un espion grec, et *je* ne sais pas s'*il* vint en (recouvra la) liberté, bien que je crois (croie) que oui, parce-que de là à un an (un an après) je vis le Grec en (à) Constantinople, et ne lui pus demander le succès de ce voyage.
— Pues fué así, respondió el caballero, porque ese don Pedro es mi hermano, y está ahora en nuestro lugar bueno y rico, casado, y con tres hijos.	— Eh-bien *il en* fut ainsi, répondit le gentilhomme, parce-que ce don Pedro est mon frère, et est à-présent dans notre endroit bon (bien portant) et riche, marié, et avec trois fils.
— Gracias sean dadas á Dios, dijo el cautivo, por tantas mercedes como le hizo, porque no hay en la tierra, conforme á mi parecer, contento que se iguale á alcanzar la libertad perdida.	— Grâces soient données (rendues) à Dieu, dit le captif, pour tant-de faveurs comme *il* lui fit (qu'il lui a faites), parce-qu'il n'y a pas en (sur) la terre, [moi], conformément à mon avis (selon contentement qui s'égale (soit égal) à recouvrer la liberté perdue.
— Y mas, replicó el caballero, que yo sé los sonetos que mi hermano hizo.	— Et *de* plus, répliqua le chevalier, que je sais les sonnets que mon frère fit.
— Pues vuesa merced dígalos, dijo el cautivo, que los sabrá decir mejor que yo.	— Donc *que* Votre Grâce les-dise, dit le captif, car *elle* les saura dire mieux que moi.

cautivo, que los sabrá decir mejor que yo. — Que me place, respondió el caballero, y el de la Goleta decia así :

« Almas dichosas, que del mortal velo
« Libres y exentas por el bien que obrastes,
« Desde la baja tierra os levantastes
« A lo mas alto y lo mejor del cielo,

« Y ardiendo en ira y en honroso zelo,
« De los cuerpos la fuerza ejercitastes,
« Que en propia y sangre ajena colorastes
« El mar vecino, y arenoso suelo;

« Primero que el valor faltó la vida
« En los cansados brazos, que muriendo,
« Con ser vencidos llevan la vitoria :

« Y esta vuestra mortal triste caida
« Entre el muro y el hierro os va adquiriendo
« Fama quo el mundo os da, y el cielo gloria.

14. — Desa misma manera le sé yo, dijo el cautivo.— Pues el del fuerte, si mal no me acuerdo, dijo el caballero, dice así :

« De entre esta tierra estéril derribada,
« Destos torreones por el suelo echados,

s'en tirera mieux que moi. — Je le veux bien, répondit le gentilhomme ; voici celui de la Goulette :

« Ames fortunées, qui, libres et affranchies de l'enveloppe mor-
« telle par le bien que vous fîtes, vous élevâtes de cette terre basse
« aux plus hautes et aux plus pures régions du ciel :

« Vous qui, enflammées de colère et d'un noble zèle, exerçâtes
« la vigueur de vos corps, et teignîtes de votre sang et du sang
« d'autrui la mer voisine et le sol sablonneux;

« La vie manqua avant la valeur à vos bras fatigués, qui en
« mourant, tout vaincus qu'ils sont, remportent la victoire;

« Mais cette triste et mortelle chute entre le rempart et le fer
« vous a conquis la renommée que donne le monde, la gloire que
« donne le ciel. »

14. — C'est aussi de cette manière que je le sais, dit le captif.— Quant à celui du fort, reprit le gentilhomme, si je m'en souviens bien, le voici :

« De cette terre stérile et bouleversée, de ces bastions renversés

— Que me place,
respondió el caballero,
y el de la Goleta decia así :
 « Almas dichosas,
« que libres y exentas
« del velo mortal
« por el bien que obrastes,
« os levantastes
« desde la tierra baja
« á lo mas alto
« y lo mejor del cielo,
 « Y ardiendo en ira
« y en zelo honroso,
« ejercitastes la fuerza
« de los cuerpos,
« que colorastes
« en sangre propia
« y ajena
« el mar vecino
« y suelo arenoso;
 « La vida faltó
« primero que el valor
« en los brazos cansados,
« que muriendo,
« con ser vencidos
« llevan la vitoria :
 « Y esta caida vuestra
« mortal triste
« entre el muro y el hierro
« os va adquiriendo fama
« que el mundo os da,
« y el cielo gloria. »
 14. — Yo le sé
desa misma manera,
dijo el cautivo.
— Pues el del fuerte,
si no me acuerdo mal,
dijo el caballero,
dice así :
 « De entre esta tierra
« estéril derribada,
« destos torreones
« echados por el suelo,
« las almas santas

— Que cela me plaît (volontiers),
répondit le gentilhomme,
et celui de la Goulette disait ainsi :
 « Ames heureuses,
« qui libres et affranchies
« de l'enveloppe mortelle
« pour le bien que *vous* fîtes,
« vous élevâtes
« depuis la terre basse
« au plus haut
« et au meilleur du ciel,
 « Et en-brûlant en (de) colère
« et en (de) zèle honorable,
« exerçâtes la force
« des corps,
« qui teignîtes
« en (de) *votre* sang propre
« et *de celui* d'-autrui
« la mer voisine
« et *le* sol sablonneux;
 « La vie manqua
« plus-tôt que la valeur
« dans les bras fatigués,
« qui en-mourant,
« avec être (quoique étant) vaincus
« remportent la victoire :
 « Et cette chute vôtre
« mortelle *et* triste
« entre le mur et le fer
« vous va acquérant *la* renommée
« que le monde vous donne,
« et le ciel *la* gloire. »
 14. — Je le sais
de-cette même façon,
dit le captif.
— Eh-bien celui du fort,
si *je* ne me souviens pas mal,
dit le gentilhomme,
dit ainsi :
 « D'entre (du milieu de) cette terre
« stérile *et* bouleversée,
« de-ces bastions
« jetés par (sur) le sol,
« les âmes saintes

« Las almas santas de tres mil soldados
« Subieron vivas á mejor morada :

« Siendo primero en vano ejercitada
« La fuerza de sus brazos esforzados,
« Hasta que al fin, de pocos y cansados,
« Dieron la vida al filo de la espada.

« Y este es el suelo, que continuo ha sido
« De mil memorias lamentables lleno
« En los pasados siglos y presentes :

« Mas no mas justas de su duro seno
« Habrán al claro cielo almas subido,
« Ni aun él sostuvo cuerpos tan valientes. »

No parecieron mal los sonetos, y el cautivo se alegró con las nuevas que de su camarada le dieron, y prosiguiendo su cuento dijo :

15. Rendidos pues la Goleta y el fuerte, los turcos dieron órden en desmantelar la Goleta, porque el fuerte quedó tal que no hubo que poner por tierra, y para hacerlo con mas brevedad y ménos trabajo la minaron por tres partes; pero con ninguna se pudo volar lo que parecia ménos fuerte, que

---

« sur le sol, les saintes âmes de trois mille soldats montèrent vi-
« vantes à un meilleur séjour;

« En vain d'abord ils exercèrent la force de leurs bras courageux,
« jusqu'à ce qu'enfin rares et épuisés ils rendirent la vie au tran-
« chant du glaive;

« Et voilà le sol qui toujours a été rempli de mille souvenirs dé-
« plorables dans les siècles passés et présents;

« Mais jamais âmes plus justes ne se seront élevées de son dur
« sein au ciel resplendissant, jamais il n'aura porté de corps plus
« vaillants. »

Les sonnets ne furent pas trouvés mauvais, et le captif, joyeux des nouvelles qu'on lui donnait de son compagnon, poursuivit ainsi son récit :

15. Après la reddition de la Goulette et du fort, les Turcs se mirent en devoir de démanteler la Goulette, car le fort était dans un tel état qu'il ne restait plus rien à jeter par terre. Pour aller plus vite et avoir moins de mal, ils la minèrent sur trois points; mais sur aucun on ne put faire sauter ce qui paraissait le moins solide, je

« de tres mil soldados	« de trois mille soldats
« subieron vivas	« montèrent vivantes
« á mejor morada :	« à *un* meilleur séjour :
« La fuerza	« La force
« de sus brazos esforzados	« de leurs bras valeureux
« siendo primero	« étant d'abord
« ejercitada en vano,	« exercée en vain,
« hasta que al fin,	« jusqu'à *ce* que à la fin,
« de pocos y cansados,	« de (étant) peu et fatigués,
« dieron la vida	« ils donnèrent la (leur) vie
« al filo de la espada.	« au fil de l'épée.
« Y este es el suelo,	« Et celui-ci est le sol,
« que continuo ha sido lleno	« qui toujours a été plein
« de mil memorias lamentables	« de mille souvenirs lamentables
« en los siglos pasados	« dans les siècles passés
« y presentes :	« et présents :
« Mas de su duro seno	« Mais de son dur sein
« almas mas justas	« *des* âmes plus justes
« no habrán subido	« n'auront pas monté
« al cielo claro,	« au ciel lumineux,
« ni aun él sostuvo	« ni même il *ne* soutint
« cuerpos tan valientes. »	« *des* corps si vaillants. »
Los sonetos	Les sonnets
no parecieron mal,	ne parurent pas mal,
y el cautivo	et le captif
se alegró con las nuevas	se réjouit avec les (des) nouvelles
que le dieron	qu'*ils* lui donnèrent
de su camarada,	de son camarade,
y prosiguiendo su cuento, dijo :	et poursuivant son récit, dit :
15. Rendidos pues	15. *Étant* rendus donc
la Goleta y el fuerte,	la Goulette et le fort, [cédèrent]
los turcos dieron órden	les Turcs donnèrent suite (pro-
en desmantelar la Goleta,	en (à) démanteler la Goulette,
porque el fuerte quedó tal	parce-que le fort resta tel
que no hubo	qu'*il* n'y eut pas
que poner por tierra,	quoi mettre par terre,
y para hacerlo	et pour le-faire
con mas brevedad	avec plus-de brièveté
y ménos trabajo	et moins-de travail
la minaron	*ils* la minèrent
por tres partes ;	par trois parties (côtés) ;
pero con ninguna	mais avec aucune (sur aucun côté)
se pudo volar	on *ne* put faire-sauter
lo que parecia ménos fuerte,	ce qui paraissait *le* moins fort,

eran las murallas viejas; y todo aquello que habia quedado en pié de la fortificacion nueva que habia hecho el Fratin[1] con mucha facilidad vino á tierra. En resolucion, la armada volvió á Constantinopla triunfante y vencedora, y de allí á pocos meses murió mi amo el Uchalí, al cual llamaban *Uchali Fartax*, que quiere decir en lengua turquesca *el renegado tiñoso*, porque lo era, y es costumbre entre los turcos ponerse nombres de alguna falta que tengan ó de alguna virtud que en ellos haya : y esto es porque no hay entre ellos sino cuatro apellidos de linajes que descienden de la casa otomana, y los demas, como tengo dicho, toman nombre y apellido ya de las tachas del cuerpo, y ya de las virtudes del ánimo : y este tiñoso bogó al remo siendo esclavo del Gran Señor catorce años, y á mas de los treinta y cuatro de su edad renegó de

veux dire les vieilles murailles, tandis que tout ce qui était resté debout des fortifications nouvelles élevées par le Fratin, fut renversé avec une extrême facilité. Bref la flotte retourna à Constantinople triomphante et victorieuse, et peu de mois après mourut mon maître Uchali; on l'appelait Uchali Fartax, ce qui signifie en turc *le renégat teigneux;* il l'était en effet, et c'est la coutume chez les Turcs de se donner des prénoms empruntés à leurs défauts ou à leurs qualités; comme il n'y a chez eux que quatre noms de familles qui descendent de la maison ottomane, les autres, comme je viens de dire, empruntent un nom et un prénom, soit aux vices du corps, soit aux vertus de l'âme. Ce teigneux avait ramé pendant quatorze ans comme esclave du Grand Seigneur; il avait déjà plus de trente-quatre ans lorsqu'il se fit renégat de dépit parce qu'un

que eran las viejas murallas;	qui étaient les vieilles murailles;
y todo	et tout
aquello que habia quedado	ce qui avait (était) resté
en pié	en pied (debout)
de la nueva fortificacion	de la nouvelle fortification
que habia hecho el Fratin	qu'avait faite le Fratin
vino á tierra	vint à terre (fut renversé)
con mucha facilidad.	avec beaucoup-de facilité.
En resolucion,	En fin *de compte*,
la armada	la flotte
volvió á Constantinopla,	retourna à Constantinople,
triunfante y vencedora,	triomphante et victorieuse,
y de allí á pocos meses	et de là à peu de mois (au bout de
murió	mourut [peu de mois)
mi amo el Uchali,	mon maître l'Uchali,
al cual llamaban Uchali Fartax,	qu'*ils* appelaient Uchali Fartax,
que quiere decir	*ce* qui veut dire
en lengua turquesca	en langue turque
el renegado tiñoso,	le renégat teigneux,
porque lo era,	parce-qu'*il* l'était,
y es costumbre entre los turcos	et *c*'est coutume parmi les Turcs
ponerse nombres	*de* se-donner *des* prénoms
de alguna falta que tengan	de quelque défaut qu'ils aient
ó de alguna virtud	ou de quelque qualité
que haya en ellos :	qu'il y ait en eux :
y esto es	et c'est
porque no hay entre ellos	parce-qu'il n'y a parmi eux
sino cuatro apellidos	que quatre noms
de linajes	de familles
que descienden	qui descendent
de la casa otomana,	de la maison ottomane,
y los demas,	et les autres,
como tengo dicho,	comme j'ai dit,
toman nombre y apellido	prennent prénom et nom
ya de las tachas del cuerpo,	tantôt des vices du corps,
y ya de las virtudes del ánimo :	et tantôt des vertus de l'âme :
y este tiñoso	et ce teigneux
bogó al remo	vogua à la rame
siendo esclavo del Gran Señor	étant esclave du Grand Seigneur
catorce años,	quatorze ans,
y á mas de los treinta y cuatro	et à plus des (de) trente et quatre
de su edad	de son âge
renegó	renia (se fit renégat)
de despecho de que un turco,	de dépit de *ce* qu'un Turc,

despecho de que un turco, estando al remo, le dió un bofeton, y por poderse vengar dejó su fé : y fué tanto su valor, que sin subir por los torpes medios y caminos que los mas privados del Gran Turco suben, vinó á ser rey de Argel, y despues á ser general de la mar, que es el tercero cargo que hay en aquel señorio. Era calabrés de nacion, y moralmente fué hombre de bien, y trataba con mucha humanidad á sus cautivos, que llegó á tener tres mil, los cuales despues de su muerte se repartieron, como él lo dejó en su testamento, entre el Gran Señor (que tambien es hijo heredero de cuantos mueren, y entra á la parte con los mas hijos que deja el difunto) y entre sus renegados; y yo cupe á un renegado veneciano, que siendo grumete de una nave, le cautivó el Uchalí, y él vino á ser el mas cruel renegado que jamas se ha visto.

Turc, tandis qu'il ramait, lui avait donné un soufflet, et afin de pouvoir se venger il renia sa foi. Sa valeur fut si grande, que sans passer par les chemins et les degrés honteux que prennent même les plus favorisés du Grand Turc, il devint roi d'Alger, puis général de la mer, ce qui est la troisième charge de l'empire. Il était Calabrais de nation et moralement homme de bien; il traitait avec beaucoup d'humanité ses captifs, dont le nombre avait fini par s'élever à trois mille, et qui à sa mort furent répartis, comme il l'avait prescrit dans son testament, entre le Grand Seigneur et ses renégats : le Grand Seigneur hérite aussi de tous ceux qui meurent et a sa part avec les propres fils que laisse le défunt. J'échus à un renégat vénitien qui était mousse sur un vaisseau quand Uchalí le prit, et qui était devenu le renégat le plus cruel que l'on ait jamais vu.

estando al remo,	en-étant à la rame,
le dió un bofeton,	lui donna un soufflet,
y por poderse vengar	et pour se-pouvoir venger
dejó su fe :	*il* quitta sa foi :
y su valor fué tanto,	et sa vaillance fut si-grande,
que sin subir	que sans monter
por los medios	par les moyens
y caminos torpes	et chemins honteux
que suben	que (par où) montent
los mas privados del Gran Turco,	les plus favoris du Grand Turc,
vino á ser rey de Alger,	*il* vint à être roi d'Alger,
y despues	et ensuite
á ser general de la mar,	à être général de la mer,
que es el tercero cargo	qui est la troisième charge
que hay en aquel señorio.	qu'il y a dans cet empire.
Era calabrés de nacion,	Il était Calabrais de nation,
y moralmente	et moralement
fué hombre de bien,	fut homme de bien,
y trataba	et traitait
con mucha humanidad	avec beaucoup-d'humanité
á sus cautivos,	ses captifs,
que llegó á tener	qu'*il* arriva à avoir
tres mil,	*au nombre de* trois mille,
los cuales	les quels
despues de su muerte	ensuite de sa mort
se repartieron,	se répartirent,
como él lo dejó	comme il le laissa
en su testamento,	dans son testament,
entre el Gran Señor,	entre le Grand Seigneur,
— que es tambien	— qui est aussi
hijo heredero	fils héritier
de cuantos mueren,	de tous-ceux-qui meurent,
y entra á la parte	et entre à la part (partage)
con los mas hijos	avec ceux plus fils (les propres fils)
que deja el difunto, —	que laisse le défunt, —
y entre sus renegados;	et entre ses renégats;
y yo cupe	et j'échus
á un renegado veneciano,	à un renégat vénitien,
que siendo grumete	qui étant mousse
de una nave,	d'un vaisseau,
el Uchali le cautivó,	l'Uchali le prit,
y él vino á ser	et il vint à être (il devint)
el mas cruel renegado	le plus cruel renégat
que jamas se há visto.	que jamais on a (ait) vu.

3

16. Llamábase Azan Agá¹, y llegó á ser muy rico y á ser rey de Argel; con el cuál yo vine de Constantinopla, algo contento por estar tan cerca de España; no porque pensase escribir á nadie el desdichado suceso mio, sino por ver si me era mas favorable la suerte en Argel que en Constantinopla, donde ya habia probado mil maneras de huirme, y ninguna tuvo sazon ni ventura; y pensaba en Argel buscar otros medios de alcanzar lo que tanto deseaba, porque jamas me desamparó la esperanza de tener libertad, y cuando en lo que fabricaba, pensaba y ponia por obra, no correspondia el suceso á la intencion, luego sin abandonarme fingia y buscaba otra esperanza que me sustentase, aunque fuese débil y flaca.

17. Con esto entretenia la vida encerrado en una prision ó casa, que los turcos llaman baño², donde encierran los cautivos cristianos, así los que son del rey como de algunos par-

16. Il s'appelait Hassan-Aga, devint fort riche, et fut roi d'Alger ; je vins avec lui de Constantinople à Alger, fort content de me trouver si près de l'Espagne : non que j'eusse l'idée d'écrire mon malheur à personne, mais pour voir si la fortune me serait plus favorable là qu'à Constantinople, où j'avais déjà fait pour m'enfuir mille tentatives dont aucune n'avait réussi. Je comptais trouver à Alger d'autres moyens de parvenir à ce que je désirais si vivement ; car jamais l'espoir de recouvrer la liberté ne m'abandonna, et lorsque, dans ce que j'essayais, imaginais et mettais en œuvre, le succès ne répondait pas à ma volonté, aussitôt, sans me laisser aller, je forgeais et trouvais une autre espérance pour me soutenir, si faible et si maigre qu'elle fût.

17. C'est ainsi que j'occupais ma vie, enfermé dans une maison ou bâtiment que les Turcs appellent *bagne*, où ils tiennent les prisonniers chrétiens, aussi bien ceux du roi que ceux de certains

LE CAPTIF. 51

16. Llamábase Azan Agá,	16. *Il* s'-appelait Hassan Aga,
y llegó á ser muy rico	et arriva à être fort riche
y á ser rey de Argel,	et à être roi d'Alger,
con el cual yo vine	avec le quel je vins
de Constantinopla,	de Constantinople,
algo contento	quelque-peu content
por estar tan cerca de España;	pour être (d'être) si près d'Espagne;
no porque pensase	non parce-que (non que) *je* pensasse
escribir á nadie	écrire à personne
el desdichado suceso mio,	le malheureux succès mien,
sino por ver si la suerte	mais pour voir si le sort
me era mas favorable en Argel	m'était plus favorable en (à) Alger
que en Constantinopla,	qu'en (à) Constantinople,
donde ya habia probado	où déjà *j'*avais essayé
mil maneras de huirme,	mille manières de m'-enfuir,
y ninguna tuvo sazon	et aucune *n'*eut moment-propice
ni ventura;	ni bonne-chance;
y pensaba	et *je* pensais
buscar en Argel	chercher en (à) Alger
otros medios de alcanzar	d'autres moyens d'atteindre
lo que deseaba tanto,	ce que *je* désirais tant,
porque la esperanza	parce-que l'espérance
de tener libertad	d'avoir liberté
jamas me desamparó,	jamais *ne* m'abandonna,
y cuando	et lorsque
en lo que fabricaba,	en ce que *je* machinais,
pensaba y ponia por obra,	imaginais et mettais par (en) œuvre,
el suceso	le succès
no correspondia á la intencion,	ne répondait pas à l'intention,
luego sin abandonarme	aussitôt sans m'-abandonner
fingia y buscaba	*j'*inventais et cherchais
otra esperanza	*une* autre espérance
que me sustentase,	qui me soutînt,
aunque fuese débil y flaca.	quoiqu'*elle* fût faible et maigre.
17. Con esto	17. Avec ceci (ainsi)
entretenia la vida,	*j'*entretenais la (ma) vie,
encerrado en una prision	enfermé dans une prison
ó casa,	ou maison,
que los turcos llaman baño,	que les Turcs appellent bagne,
donde encierran	où *ils* enferment
los cautivos cristianos,	les captifs chrétiens,
asi los	ainsi (aussi bien) ceux
que son del rey	qui sont du (au) roi
como	comme (que) *ceux*

ticulares, y los que llaman del *almacen*, que es como decir
cautivos del concejo, que sirven á la ciudad en las obras pú-
blicas que hace y en otros oficios, y estos tales cautivos
tienen muy dificultosa [1] su libertad, que como son del comun
y no tienen amo particular, no hay con quien tratar su rescate, aunque le tengan. En estos baños, como tengo dicho,
suelen llevar á sus cautivos algunos particulares del pueblo,
principalmente cuando son de rescate, porque allí los tienen
holgados y seguros hasta que venga su rescate. Tambien los
cautivos del rey, que son de rescate, no salen al trabajo con
la demas chusma, sino es cuando se tarda su rescate, que
entónces por hacerles que escriban por él con mas ahinco,
les hacen trabajar y ir por leña con los demas, que es un no
pequeño trabajo.

particuliers, en même temps aussi ceux qu'on appelle de l'*almacen*, c'est-à-dire de la municipalité, parce que la ville les emploie
aux travaux publics et à d'autres services. Ces derniers obtiennent
très-difficilement leur liberté : comme ils sont à la communauté
et n'ont pas de maître particulier, ils ne savent avec qui traiter de
leur rachat, lors même qu'ils ont la somme suffisante. Dans ces
bagnes, comme je l'ai dit, beaucoup d'habitants amènent leurs
captifs, surtout ceux qui doivent se racheter, parce qu'ils les y
gardent en toute sûreté jusqu'à ce que la rançon arrive. C'est la
même chose pour les captifs du roi qui peuvent se racheter; ils
ne vont pas au travail avec le reste de la chiourme, excepté quand
leur argent se fait attendre; alors, pour qu'ils écrivent d'une façon plus pressante, on les fait travailler et aller chercher du bois
avec les autres, ce qui n'est pas une petite tâche.

de algunos particulares,	de quelques particuliers,
y los que llaman	et ceux qu'*ils* appellent
del almacen,	de l'almacen, [l'on disait)
que es como decir	*ce* qui est comme dire (comme si
cautivos del concejo,	captifs de la municipalité,
que sirven á la ciudad	qui servent à la ville
en las obras públicas	dans les travaux publics
que hace	qu'*elle* fait
y en otros oficios,	et dans *d*'autres offices,
y estos tales cautivos	et ces tels captifs
tienen su libertad	ont leur liberté
muy dificultosa,	fort difficilement,
que como son	*parce* que comme *ils* sont
del comun	du (au) public
y no tienen amo particular,	et n'ont pas *de* maître particulier,
no hay con quien tratar	il n'y a pas avec qui négocier
su rescate,	leur rançon,
aunque le tengan.	bien qu'*ils* l'aient.
En estos baños,	Dans ces bagnes,
como tengo dicho,	comme *j*'ai dit,
algunos particulares del pueblo	quelques particuliers du peuple
suelen	ont-coutume
llevar á sus cautivos,	*de* conduire leurs captifs,
principalmente	principalement [être rachetés),
cuando son de rescate,	quand *ils* sont de rançon (doivent
porque los tienen allí	parce-qu'*ils* les ont là
holgados y seguros	aisés et tranquilles
hasta que venga su rescate.	jusqu'à ce que vienne leur rançon.
Tambien los cautivos del rey,	Aussi les captifs du roi,
que son de rescate,	qui sont de rançon,
no salen	ne sortent pas (ne vont pas)
al trabajo	au travail [me,
con la demas chusma,	avec l'autre (le reste de la) chiour-
sino es cuando su rescate	si *ce* n'est quand leur rançon
se tarda,	se retarde (tarde),
que entónces	*parce* qu'alors [les faire écrire)
por hacerles que escriban	pour-les-faire qu'ils écrivent (pour
por él	pour elle (leur rançon)
con mas ahinco,	avec plus-d'empressement,
les hacen trabajar	*ils* les font travailler
y ir por leña	et aller pour (aller chercher) *du* bois
con los demas,	avec les autres,
que es un trabajo	*ce* qui est un travail
no pequeño.	non petit.

18. Yo pues era uno de los de rescate, que como se supo que era capitan, puesto que dije mi poca posibilidad y falta de hacienda, no aprovechó nada para que no me pusiesen en el número de los caballeros y gente de rescate. Pusiéronme una cadena, mas por señal de rescate que por guardarme con ella, y así pasaba la vida en aquel baño con otros muchos caballeros y gente principal, señalados y tenidos por de rescate; y aunque la hambre y desnudez pudiera fatigarnos á veces, y aun casi siempre, ninguna cosa nos fatigaba tanto, como oir y ver á cada paso las jamas vistas ni oidas crueldades que mi amo usaba con los cristianos. Cada dia ahorcaba el suyo, empalaba á este, desorejaba á aquel, y esto por tan poca ocasion y tan sin ella, que los turcos conocian que lo hacia no mas de por hacerlo, y por ser natural condicion

18. J'étais donc un des captifs du rachat; car lorsqu'on sut que j'étais capitaine, j'eus beau dire que j'étais pauvre et ne possédais rien, cela n'empêcha pas de me classer parmi les gentilshommes et les prisonniers qui devaient se racheter. On me mit une chaîne, plutôt en signe de rachat que pour me garder, et je passais ainsi ma vie dans ce bagne avec beaucoup d'autres gentilshommes et personnes de condition désignés pour le rachat. Bien que la faim et le dénûment nous fissent souffrir parfois, et même presque toujours, rien ne nous était plus pénible que d'entendre et de voir à chaque pas les cruautés raffinées et inouïes dont usait mon maître envers les chrétiens. Chaque jour il faisait pendre celui-ci, empaler celui-là, couper les oreilles à un autre, et cela pour la moindre chose, ou plutôt pour rien. Aussi les Turcs avouaient-ils qu'il le faisait uniquement pour le plaisir de le faire, et parce que son tempérament le portait à être l'assassin du genre

LE CAPTIF.

18. Yo era pues uno	18. J'étais donc un
de los de rescate,	de ceux de rançon,
que como se supo	*parce* que comme on sut
que era capitan,	que j'étais capitaine,
puesto que dije	bien que *je* dis (que j'eusse dit)
mi poca posibilidad	mon peu-de moyens
y falta de hacienda,	et manque de bien,
no aprovechó nada	*je* n'*y* gagnai rien
para que no me pusiesen	pour qu'*ils* ne me missent pas
en el número	dans le nombre
de los caballeros	des gentilshommes
y gente de rescate.	et gens de rançon.
Pusiéronme una cadena,	*Ils* me-mirent une chaîne,
mas por señal de rescate	plus pour signe de rançon
que por guardarme con ella,	que pour me-garder avec elle,
y así pasaba la vida	et ainsi *je* passais la vie
en aquel baño	dans ce bagne [hommes
con otros muchos caballeros	avec d'autres nombreux gentils-
y gente principal,	et gens de-condition,
señalados y tenidos	marqués et tenus
por de rescate;	pour *être* de rançon;
y aunque la hambre	et quoique la faim
y desnudez	et *le* dénûment
pudiera fatigarnos	pût (pussent) nous-tourmenter
á veces,	à *certaines* fois (parfois),
y aun casi siempre,	et même presque toujours,
ninguna cosa	aucune chose
nos fatigaba tanto	*ne* nous tourmentait tant
como oir y ver	comme (que) *d*'entendre et voir
á cada paso	à chaque pas
las crueldades	les cruautés
jamas vistas ni oidas	jamais vues ni ouïes
que mi amo usaba	que mon maître employait
con los cristianos.	avec les chrétiens.
Cada dia ahorcaba el suyo,	Chaque jour pendait le sien,
empalaba á este,	empalait celui-ci,
desojeraba á aquel,	essorillait celui-là, [cause)
y esto por tan poca ocasion	et cela pour si peu-d'occasion (de
y tan sin ella,	et tant sans elle (sans cause),
que los turcos conocian	que les Turcs reconnaissaient
que lo hacia	qu'*il* le faisait [faire,
no mas de por hacerlo,	pas plus de (seulement) pour le-
y por ser	et pour être (parce que c'était)
ondicion natural suya	*l*'humeur naturelle sienne

aya ser homicida de todo el género humano. Solo libró bien con él un soldado español llamado tal de Saavedra[1], el cual, con haber hecho cosas que quedarán en la memoria de aquellas gentes por muchos años, y todas por alcanzar libertad, jamas le dió palo, ni se lo mandó dar, ni le dijo mala palabra, y por la menor cosa de muchas que hizo, temíamos todos que habia de ser empalado, y así lo temió él mas de una vez; y si no fuera porque el tiempo no da lugar, yo dijera ahora algo de lo que este soldado hizo, que fuera parte para entreteneros y admiraros harto mejor que con el cuento de mi historia.

19. Digo pues, que encima del patio de nuestra prision caian las ventanas de la casa de un moro rico y principal, las cuales, como de ordinario son las de los moros, mas eran agujeros que ventanas, y aun estas se cubrian con celosías

humain. Un seul s'en tira bien avec lui : c'était un soldat espagnol appelé un tel de Saavedra ; bien qu'il eût fait des choses qui resteront longues années dans la mémoire des gens de ce pays, et toujours pour recouvrer sa liberté, jamais il ne lui donna ou ne lui fit donner la bastonnade, jamais il ne lui dit une mauvaise parole ; cependant, pour la moindre de ses escapades, nous craignions tous qu'il ne se fît empaler, et lui-même le craignit plus d'une fois. Si ce n'était que le temps ne le permet pas, je vous raconterais à présent quelques-unes des actions de ce soldat ; cela suffirait pour vous intéresser et vous étonner bien mieux que le récit de mon histoire.

19. Or donc, au-dessus de la cour de notre prison donnaient les fenêtres d'un More riche et de qualité; c'étaient, comme c'est l'ordinaire dans les maisons des Mores, des lucarnes plutôt que des fe-

ser homicida	d'être meurtrier
de todo el género humano.	de tout le genre humain.
Solo un soldado espańol	Seul un soldat espagnol
llamado tal de Saavedra	appelé *un* tel de Saavedra
libró bien con él,	se-tira bien *d'affaire* avec lui,
el cual,	le quel,
con haber hecho	avec avoir (bien qu'il eût) fait
cosas que quedaran	*des* choses qui resteront
en la memoria	dans la mémoire
de aquellas gentes	de ces peuples-là
por muchos ańos,	pour beaucoup-d'années,
y todas por alcanzar libertad,	et toutes pour atteindre *la* liberté,
jamas le dió palo,	jamais *il ne* lui donna *du* bâton,
ni mandó se lo dar,	ni *n'*ordonna *de* lui le (en) donner,
ni le dijo mala palabra,	ni *ne* lui dit mauvaise parole,
y por la menor cosa	et pour la moindre chose
de muchas que hizo,	de beaucoup qu'*il* fit,
temíamos todos	nous craignions tous [empalé,
que habia de ser empalado,	qu'*il* avait (eût) *nécessité* d'être
y así él lo temió	et aussi lui le craignit
mas de una vez;	plus d'une fois;
y si no fuera	et si *ce* ne fût (n'était)
porque el tiempo	parce-que le temps
no da lugar,	n'*y* donne pas lieu,
yo dijera ahora algo	je disse (dirais) à présent un-peu
de lo que este soldado hizo,	de ce que ce soldat fit,
que fuera parte	qui fût (serait) endroit (sujet)
para entreteneros	pour vous-intéresser
y admiraros	et vous-surprendre
harto mejor	passablement mieux
que con el cuento	qu'avec le récit
de mi historia.	de mon histoire.
19. Digo pues,	19. Je dis donc,
que encima del patio	qu'au-dessus de la cour
de nuestra prision	de notre prison
caian las ventanas	tombaient (donnaient) les fenêtres
de la casa de un moro	de la maison d'un More
rico y principal,	riche et de-condition,
las cuales,	lesquelles,
como son de ordinaro	comme sont d'ordinaire
las de los moros,	celles des Mores,
eran mas agujeros	étaient plutôt trous
que ventanas,	que fenêtres,
y aun estas	et même celles-ci

muy espesas y apretadas. Acaeció pues que un dia estando en un terrado de nuestra prision con otros tres compañeros haciendo pruebas de saltar con las cadenas por entretener el tiempo, estando solos (porque todos los demas cristianos habian salido á trabajar), alzé acaso los ojos, y ví que por aquellas cerradas ventanillas que he dicho parecia una caña, y al remate della puesto un lienzo atado, y la caña se estaba blandeando y moviéndose casi como si hiciera señas que llegásemos á tomarla. Miramos en ello, y uno de los que conmigo estaban fué á ponerse debajo de la caña por ver si la soltaban ó lo que hacian; pero, así como llegó, alzaron la caña y la movieron á los dos lados como si dijeran *no* con la cabeza. Volvióse el cristiano, y tornáronla á bajar y hacer los mismos

nêtres, et elles étaient couvertes de jalousies très-épaisses et très-serrées. Un jour je me trouvais sur une de nos terrasses avec trois de mes compagnons, essayant de sauter avec nos chaînes pour passer le temps; nous étions seuls, tous les autres chrétiens étant allés au travail. Par hasard je levai les yeux, et, à travers une de ces lucarnes fermées, je vis paraître une canne au bout de laquelle était attaché un mouchoir; cette canne remuait et s'agitait comme pour nous faire signe de la venir prendre. Nous regardâmes, et l'un de ceux qui étaient avec moi vint se mettre sous la canne, pour voir si on la laisserait tomber ou ce qu'on ferait; mais dès qu'il approcha, on releva la canne, et on la fit aller de droite et de gauche, comme si l'on eût dit non avec la tête. Le chrétien s'éloigna, et

se cubrian	se couvraient (étaient couvertes)
con celosías muy espesas	avec *des* jalousies fort épaisses
y apretadas.	et serrées.
Acaeció pues que un dia	Il arriva donc qu'un jour
estando en un terrado	étant sur une terrasse
de nuestra prision	de notre prison
con tres otros compañeros	avec trois autres compagnons
haciendo pruebas	faisant épreuves (essayant)
de saltar con las cadenas	de sauter avec les chaînes
por entretener el tiempo,	pour occuper le temps,
estando solos,	étant seuls,
porque	parce-que
todos los demas cristianos	tous les autres chrétiens
habian salido	avaient sorti (étaient allés)
á trabajar,	à travailler (au travail),
alzé acaso los ojos,	*je* levai par-hasard les yeux,
y ví que	et *je* vis que
por aquellas ventanillas	par ces petites-fenêtres
cerradas	fermées
que he dicho	que *j'*ai dit
parecia una caña,	paraissait une canne,
y al remate della	et au bout d'-elle
puesto un lienzo atado,	mise une toile attachée,
y la caña	et la canne
estaba se blandeando	était s'agitant
y moviéndose	et se-remuant [signes
casi como si hiciera señas	presque comme si *elle* fît (faisait)
que llegásemos	que *nous* vinssions
á tomarla,	à (pour) la-prendre. [cela,
Miramos en ello,	*Nous* fixâmes-les-yeux en (sur)
y uno de los	et un de ceux
que estaban conmigo	qui étaient avec-moi
fué á ponerse	fut à (alla) se-mettre
debajo de la caña	au-dessous de la canne
por ver si la soltaban	pour voir s'*ils* la lâchaient
ó lo que hacian;	ou ce qu'*ils* faisaient; [riva,
pero, así como llegó,	mais, ainsi comme (dès que) *il* ar-
alzaron la caña	*ils* relevèrent la canne
y la movieron	et la remuèrent
á los dos lados	aux (des) deux côtés
como si dijeran no	comme s'ils dissent (disaient) non
con la cabeza.	avec la tête.
El cristiano volvióse,	Le chrétien se-retira,
y tornáronla á bajar	et *ils* la-revinrent à baisser

movimientos que primero. Fué otro de mis compañeros, y sucedióle lo mismo que al primero. Finalmente fué el tercero, y avínole lo que al primero y al segundo.

20. Viendo yo esto, no quise dejar de probar la suerte, y así como llegué á ponerme debajo de la caña, la dejaron caer, y dió á mis piés dentro del baño. Acudí luego á desatar el lienzo, en el cual ví un nudo, y dentro dél venian diez cianiis, que son unas monedas de oro bajo que usan los moros, que cada una vale diez reales de los nuestros. Si me holgué con el hallazgo, no hay para que decirlo, pues fué tanto el contento como la admiracion de pensar de donde podia venirnos aquel bien, especialmente á mí; pues las muestras de no haber querido soltar la caña sino á mí, claro decian que á

l'on recommença d'abaisser la canne et de répéter les premiers mouvements. Un autre de mes compagnons s'avança, mais il lui arriva la même chose qu'au précédent. Enfin le troisième y alla, et ne fut pas plus heureux que le premier et le second.

20. Voyant cela, je ne voulus pas manquer de tenter la chance : au moment où je venais me mettre sous la canne, on la lâcha, et elle tomba à mes pieds dans le bagne. Je m'empressai de détacher le mouchoir, et dans un nœud je trouvai dix *cianis;* c'est une monnaie d'or de bas titre dont se servent les Mores ; chaque ciani vaut dix de nos réaux. Si je fus ravi de l'aubaine, il n'est pas besoin de le dire : mon contentement égala ma surprise de penser d'où pouvait nous venir cette bonne fortune qui s'adressait particulièrement à moi; car le soin qu'on avait eu de ne lâcher la canne

y hacer los mismos movimientos que primero.	et faire les mêmes mouvements que d'abord.
Otro de mis compañeros fué,	*Un* autre de mes compagnons *y* fut, [arriva
y lo mismo sucedióle que al primero.	et le même (la même chose) lui-qu'au premier.
Finalmente el tercero fué,	Enfin le troisième *y* fut,
y avínole	et *il* lui-arriva
lo que al primero y al segundo.	ce qui *était arrivé* au premier et au second.
20. Yo viendo esto	20. Moi voyant ceci
no quise dejar	*je* ne voulus pas manquer
de probar la suerte,	d'éprouver la chance,
y así como llegué	et ainsi comme (dès que) *j*'arrivai
á ponerme	à me-mettre
debajo de la caña,	au-dessous de la canne,
la dejaron caer,	*ils* la laissèrent tomber,
y dió á mis piés	et *elle* donna (tomba) à mes pieds
dentro del baño.	en-dedans du bagne.
Acudí luego	Je courus aussitôt
á desatar el lienzo,	à (pour) détacher la toile,
en el cual ví un nudo,	dans laquelle je vis un nœud,
y dentro dél	et en-dedans de-lui
venían diez cianiis,	venaient (se trouvaient) dix cianis,
que son unas monedas	qui sont des monnaies
de oro bajo	d'or bas (de bas aloi)
que usan los moros,	qu'emploient les Mores,
que cada una vale diez reales de los nuestros.	qui chacun vaut dix réaux des nôtres (de notre monnaie).
Si me holgué con el hallazgo,	Si *je* me réjouis avec (de) la trouvaille, [soin]
no hay para que decirlo,	il n'y a pas pour que (il n'est pas be-*de* le-dire,
pues el contento fué tanto	car le contentement fut aussi-grand
como la admiracion	comme (que) l'étonnement
de pensar	de penser
de donde podia venirnos	d'où pouvait nous-venir
aquel bien,	ce bien,
especialmente á mí;	spécialement à moi;
pues las muestras	car les significations
de no haber querido	de n'avoir pas voulu
soltar la caña	lâcher la canne
sino á mí,	sinon à moi,

mí se hacia la merced. Tomé mi buen dinero, quebré la caña, volvíme al terradillo, miré la ventana, y ví que por ella salia una muy blanca mano, que la abrian y cerraban muy apriesa. Con eso entendimos ó imaginamos que alguna mujer que en aquella casa vivia nos debia de haber hecho aquel beneficio, y en señal de que lo agradecíamos, hicimos zalemas á uso de moros, inclinando la cabeza, doblando el cuerpo, y poniendo los brazos sobre el pecho. De allí á poco sacaron por la misma ventana una pequeña cruz hecha de cañas, y luego la volvieron á entrar. Esta señal nos confirmó en que alguna cristiana debia de estar cautiva en aquella casa, y era la que el bien nos hacia; pero la blancura de la mano, y las ajorcas que en ella vimos nos deshizo este pensamiento, puesto que imaginamos que debia de ser cristiana renegada, á quien de ordinario suelen tomar por legítimas mujeres sus mismos

qu'à mon approche prouvait bien que c'était à moi que l'on faisait cette faveur. Je pris mon bienheureux argent, je cassai la canne, je retournai sur la terrasse, et, regardant vers la fenêtre, je vis sortir une main fort blanche qui s'ouvrait et se fermait précipitamment. Nous comprîmes ou nous supposâmes d'après cela que ce bienfait devait nous être venu d'une femme qui demeurait dans cette maison, et en signe de remercîment nous fîmes des saluts à la manière des Mores, inclinant la tête, pliant le corps et mettant les bras sur la poitrine. Un moment après on passa par la même lucarne une petite croix faite de morceaux de joncs, que l'on retira aussitôt. Ce signal me confirma dans l'idée qu'il devait y avoir là une chrétienne captive, et que c'était elle qui nous faisait du bien. Cependant la blancheur de la main et les bagues que nous y aperçûmes nous ôtèrent cette pensée ; nous supposâmes que ce devait être une de ces chrétiennes renégates que leurs maîtres ont coutume de prendre pour femmes légitimes, et même ils s'en

decian claro	disaient clairement
que se hacia la merced á mí.	qu'on faisait la grâce à moi.
Tomé mi buen dinero,	*Je* pris mon bon argent,
quebré la caña,	brisai la canne,
volvíme al terradillo,	m'*en*-retournai à la terrasse,
miré la ventana,	regardai la fenêtre,
y vi que por ella	et vis que par elle
salia una mano muy blanca,	sortait une main fort blanche,
que la abrian	qu'*ils* l'ouvraient (qu'on ouvrait)
y cerraban muy apriesa.	et fermaient (fermait) fort vite.
Con eso entendimos	Avec (d'après) cela *nous* comprîmes
ó imaginamos	ou imaginâmes
que alguna mujer	que quelque femme
que vivia en aquella casa	qui vivait dans cette maison
nos debia de haber hecho	nous devait d'avoir (devait nous
aquel beneficio,	ce bienfait, [avoir) fait
y en señal de que	et en signe de *ce* que
lo agradeciamos,	*nous* le reconnaissions,
hicimos zalemas	*nous* fîmes des révérences
á uso de moros	à *la* mode de (des) Mores
inclinando la cabeza,	en-inclinant la tête,
doblando el cuerpo,	en-pliant le corps,
y poniendo los brazos	et en-mettant les bras
sobre el pecho.	sur la poitrine.
De alli á poco	De là à peu (peu après)
sacaron por la misma ventana	*ils* firent-sortir par la même fenêtre
una pequeña cruz	une petite croix
hecha de cañas,	faite de roseaux,
y luego	et aussitôt [trer).
la volvieron á entrar.	la revinrent à entrer (la firent ren-
Esta señal nos confirmó	Ce signe nous confirma
en que alguna cristiana	en *ceci* que quelque chrétienne
debia de estar cautiva	devait d'être (devait être) captive
en aquella casa,	dans cette maison,
y era la que nos hacia el bien;	et était celle qui nous faisait le bien;
pero la blancura de la mano,	mais la blancheur de la main,
y las ajorcas que vimos en ella,	et les bagues que *nous* vîmes en elle,
nos deshizo este pensamiento,	nous défit (ôta) cette pensée,
puesto que imaginamos	bien que *nous* imaginâmes
que debia de ser	que *ce* devait d'être (ce devait être
cristiana renegada,	*une* chrétienne renégate,
á quien de ordinario	que d'ordinaire
sus amos mismos	leurs maîtres mêmes
suelen tomar	ont-coutume *de* prendre

amos, y aun lo tienen á ventura, porque las estiman en mas que las de su nacion.

21. En todos nuestros discursos dimos muy léjos de la verdad del caso, y así todo nuestro entretenimiento desde allí adelante era mirar y tener por norte á la ventana, donde nos habia aparecido la estrella de la caña; pero bien se pasaron quince dias en que no la vimos, ni la mano tampoco, ni otra señal alguna; ni aunque en este tiempo procuramos con toda solicitud saber quién en aquella casa vivia, y si habia en ella alguna cristiana renegada, jamas hubo quien nos dijese otra cosa sino que allí vivia un moro principal y rico, llamado Agimorato, alcaide que habia sido de la Pata[1], que es oficio entre ellos de mucha calidad; mas cuando mas descuidados estábamos de que por allí habian de llover mas cianiis, vimos á deshora parecer la caña y otro lienzo en ella con otro

tiennent fort heureux, parce qu'ils les estiment plus que celles de leur nation.

21. Dans tous nos discours nous étions fort loin de la vérité. Toute notre occupation désormais fut de regarder cette lucarne qui était pour nous le pôle où avait apparu l'étoile de la canne; mais il se passa bien quinze jours sans que nous la revissions, ni la main non plus, ni aucun signal. Dans cet intervalle, nous fîmes tous nos efforts pour savoir qui demeurait dans cette maison et s'il y avait une chrétienne renégate; mais jamais personne ne put nous dire autre chose, sinon que c'était l'habitation d'un More riche et noble, appelé Agimorato, ancien alcade de la Pata, ce qui est dans le pays un poste de distinction. Au moment où nous espérions le moins de recevoir par là une nouvelle pluie de cianis, nous vîmes tout à coup reparaître la canne avec un autre mou-

por mujeres legitimas,	pour femmes légitimes,
y aun lo tienen á ventura,	et même le tiennent à bonheur,
porque las estiman	parce qu'*ils* les estiment
en mas que las	en plus (plus) que celles
de su nacion.	de leur nation.
21. En todos	21. Dans toutes
nuestros discursos	nos conjectures
dimos muy léjos	*nous* donnâmes fort loin
de la verdad del caso,	de la vérité du cas,
y así	et ainsi
todo nuestro entretenimiento	tout notre passe-temps
desde allí adelante	depuis là désormais
era mirar	était *de* regarder
y tener por norte	et avoir pour étoile-polaire
á la ventana	la fenêtre
donde nos habia aparecido	où nous avait apparu
la estrella de la caña;	l'étoile de la canne;
pero bien quince dias	mais bien quinze jours
se pasaron	se passèrent
en qué no la vimos,	dans lesquels *nous* ne la vîmes pas,
ni la mano tampoco,	ni la main non-plus,
ni alguna otra señal;	ni quelque autre signal;
ni, aunque en este tiempo	ni, quoique dans ce temps
procuramos	*nous* prîmes (prissions)-soin
con toda solicitud	avec tout empressement
saber quién vivia	*de* savoir qui vivait
en aquella casa,	dans cette maison-là,
y si habia en ella	et s'il y avait dans elle
alguna cristiana renegada,	quelque chrétienne rénégate,
jamas hubo	jamais il *n*'y eut *quelqu'un*
quien nos dijese otra cosa	qui nous dît autre chose
sino que allí vivia un moro	sinon que là vivait un More
principal y rico,	de-distinction et riche,
llamado Agimorato,	appelé Agimorato,
que habia sido alcaide	qui avait été gouverneur
de la Pata,	de la Pata,
que es entre ellos	ce qui est parmi eux [tion;
oficio de mucha calidad;	*une* charge de beaucoup-de-distinc-
mas cuando estábamos	mais quand *nous* étions
mas descuidados	*le* plus éloignés-de-l'idée [cianis
de que mas cianiís	de *ce* que plus-de (de nouveaux)
habian de llover por allí,	avaient de (allaient) pleuvoir par là,
vimos á deshora	*nous* vîmes à *une* heure-inattendue
parecer la caña	paraître la canne

nudo mas crecido, y esto fué á tiempo que estaba el baño como la vez pasada solo y sin gente. Hicimos la acostumbrada prueba, yendo cada uno primero que yo de los mismos tres que estábamos; pero á ninguno se rindió la caña sino á mí, porque en llegando yo, la dejaron caer. Desaté el nudo, y hallé cuarenta escudos de oro españoles, y un papel escrito en arábigo, y al cabo de lo escrito hecha una grande cruz. Besé la cruz, tomé los escudos, volvíme al terrado, hicimos todos nuestras zalemas, tornó á parecer la mano, hice señas que leeria el papel, cerraron la ventana.

22. Quedamos todos confusos y alegres con lo sucedido; y como ninguno de nosotros no entendia el arábigo, era grande el deseo que teníamos de entender lo que el papel contenia, y mayor la dificultad de buscar quien lo leyese. En fin yo me determiné de fiarme de un renegado natural de Murcia[1], que

---

choir et un nœud plus gros; c'était à un moment où le bagne était comme la première fois complétement vide. Nous fîmes l'épreuve accoutumée, chacun de mes trois compagnons s'avança avant moi; mais la canne ne se rendit qu'à moi, et ce fut seulement quand j'approchai qu'on la laissa tomber. Je défis le nœud, j'y trouvai quarante écus d'or en monnaie espagnole et un billet écrit en arabe, au bas duquel on avait fait une grande croix. Je baisai la croix, je pris les écus, je retournai à la terrasse, nous fîmes tous nos salutations; la main se montra de nouveau, je fis signe que je lirais le papier, on ferma la fenêtre.

22. Nous demeurâmes tous surpris et joyeux de l'aventure; mais comme personne de nous n'entendait l'arabe, si notre désir était grand de savoir ce que contenait l'écrit, plus grande était la difficulté de trouver quelqu'un pour le lire. Enfin je résolus de me confier à un renégat natif de Murcie, qui s'était dit mon

y otro lienzo en ella	et *un* autre linge en (après) elle
con otro nudo mas crecido,	avec *un* autre nœud plus gros,
y esto fué á tiempo	et ce fut à (au) temps
que el baño estaba solo	que le bagne était désert
y sin gente,	et sans monde,
como la vez pasada.	comme la fois passée.
Hicimos	*Nous* fîmes
la prueba acostumbrada,	l'épreuve accoutumée,
cada uno de los mismos tres	chacun des mêmes trois
que estábamos	que *nous* étions
yendo primero que yo;	allant avant que moi (avant moi);
pero la caña	mais la canne
se rindió á ninguno	*ne* se rendit à personne
sino á mí,	sinon à moi, [j'arrivai],
porque en llegando yo,	parce-que en arrivant moi (quand
la dejaron caer.	*ils* la laissèrent tomber.
Desaté el nudo,	*Je* défis le nœud,
y hallé cuarenta escudos de oro	et trouvai quarante écus d'or
españoles,	espagnols,
y un papel escrito en arábigo,	et un papier écrit en arabe,
y al cabo de lo escrito	et à la fin de l'écrit
una grande cruz hecha.	une grande croix faite.
Besé la cruz,	*Je* baisai la croix,
tomé los escudos,	*je* pris les écus,
volvíme al terrado,	je m'*en*-retournai à la terrasse,
hicimos todos nuestras zalemas,	*nous* fîmes tous nos révérences,
la mano tornó á parecer,	la main revint à paraître,
hice señas	*je* fis *des* signes
que leeria el papel,	que *je* lirais le papier,
cerraron la ventana.	*ils* fermèrent la fenêtre.
22. Quedamos todos	22. *Nous* restâmes tous
confusos y alegres	étonnés et joyeux
con lo sucedido;	avec la *chose* arrivée;
y como ninguno de nosotros	et comme aucun de nous
no entendia el arábigo,	n'entendait l'arabe,
el deseo que teníamos	le désir que *nous* avions
de entender	d'entendre
lo que el papel contenia	ce que le papier contenait
era grande,	était grand,
y mayor la dificultad	et plus-grande la difficulté
de buscar	de trouver *quelqu'un*
quien lo leyese.	qui le lût.
En fin yo me determiné	En fin je me résolus
de fiarme de un renegado	de me-confier de (à) un renégat

se habia dado por grande amigo mio, y puesto prendas entre los dos que le obligaban á guardar el secreto que le encargase, porque suelen algunos renegados, cuando tienen intencion de volverse á tierra de cristianos, traer consigo algunas firmas de cautivos principales en qué dan fe, en la forma que pueden, como el tal renegado es hombre de bien, y que siempre ha hecho bien á cristianos, y que lleva deseo de huirse en la primera ocasion que se le ofrezca. Algunos hay que procuran estas fees con buena intencion, otros se sirven dellas acaso y de industria, que viniendo á robar á tierra de cristianos, si á dicha se pierden ó los cautivan, sacan sus firmas y dicen que por aquellos papeles se verá el propósito con qué venian, el cual era de quedarse en tierra de cristianos, y que por eso venian en corso con los demas turcos. Con esto se escapan

grand ami et m'avait donné des garanties qui l'obligeaient à garder mon secret. En effet, certains renégats ont coutume, lorsqu'ils ont l'intention de retourner en pays chrétien, d'emporter avec eux des certificats où des captifs de condition attestent, dans la forme qu'ils peuvent, que le renégat est un honnête homme, qu'il a toujours fait du bien aux chrétiens, et que son désir est de s'enfuir à la première occasion qui se présentera. Il y en a qui se procurent ces certificats à bonne intention ; d'autres ne songent qu'à en profiter dans une circonstance donnée : ils s'en viennent piller en pays chrétien ; s'ils y font naufrage ou si on les fait prisonniers, ils tirent leurs certificats en disant que ces papiers montreront dans quel dessein ils sont venus, qu'ils voulaient rester dans une contrée chrétienne, et que pour cela ils ont accompagné en course les au-

natural de Murcia,	natif de Murcie,
que se habia dado	qui s'avait (s'était) donné
por grande amigo mio,	pour grand ami mien,
y puesto prendas	et *avait* mis *des* gages
entre los dos	entre les (nous) deux
que le obligaban	qui l'obligeaient
à guardar el secreto	à garder le secret
que le encargase,	que *je* lui confiasse (confierais),
porque algunos renegados	parce-que quelques rénégats
suelen,	ont-coutume,
cuando tienen intencion	quand ils ont intention
de volverse	de s'*en*-retourner
à tierra de cristianos,	à terre (en pays) de chrétiens,
traer consigo	d'emporter avec-soi
algunas firmas	quelques signatures
de cautivos principales,	de captifs de-condition,
en qué	dans lesquelles
dan fe,	*ils* donnent foi (certifient),
en la forma que pueden,	dans la forme qu'*ils* peuvent,
como el tal renegado	comment le tel (un tel) rénégat
es hombre de bien,	est homme de bien,
y que siempre ha hecho bien	et que toujours *il* a fait *du* bien
à cristianos,	à *des* chrétiens,
y que lleva deseo de huirse	et qu'il porte (a) désir de s'-enfuir
en la primera ocasion	dans la première occasion
que se le ofrezca.	qui se lui offre (s'offrira) à lui.
Hay algunos	Il y *en* a quelques-uns
que procuran estas fees	qui recherchent ces certificats
con buena intencion,	avec bonne intention,
otros se sirven dellas	d'autres se servent d'-eux
acaso y de industria,	par-hasard et de dessein *formé*,
que viniendo à robar	*parce* que venant à (pour) voler
à tierra de cristianos,	à terre (en pays) de chrétiens,
si à dicha se pierden	si à (par) hasard *ils* se perdent
ó los cautivan,	ou *si les chrétiens* les prennent,
sacan sus firmas	*ils* tirent leurs signatures
y dicen que el propósito	et disent que le but
con qué venian	avec lequel *ils* venaient
se verá por aquellos papeles,	se verra par ces papiers,
el cual era de quedarse	le quel était de rester
en tierra de cristianos,	en terre de chrétiens,
y que por eso	et que pour cela
venian en corso	ils venaient en course
con los demas turcos.	avec les autres Turcs.

de aquel primer ímpetu, y se reconcilian con la Iglesia sin que se les haga daño, y cuando ven la suya, se vuelven á Berbería á ser lo que antes eran. Otros hay que usan destos papeles, y los procuran con buen intento, y se quedan en tierra de cristianos.

23. Pues uno de los renegados que he dicho era este amigo, el cual tenia firmas de todas nuestras camaradas, donde le acreditábamos cuanto era posible; y si los moros le hallaran estos papeles, le quemaran vivo. Supe que sabia muy bien arábigo, y no solamente hablarlo, sino escribirlo; pero antes que del todo me declarase con él, le dije que me leyese aquel papel, que acaso me habia hallado en un agujero de mi rancho. Abrióle, y estuvo un buen espacio mirándole y construyéndole, murmurando entre los dientes. Preguntéle si lo entendia : díjome que muy bien, y que si queria que me lo

tres Turcs. Ils échappent ainsi au premier mouvement de colère, se réconcilient avec l'Église sans qu'il leur en coûte rien, et lorsqu'ils trouvent une bonne occasion s'en retournent en Barbarie, où ils redeviennent ce qu'ils étaient devant. Il en est d'autres qui profitent de ces papiers, les recherchent à bonne intention, et demeurent en pays chrétien.

23. Or cet ami était l'un des renégats dont je viens de parler; il avait tiré de tous nos camarades des attestations où nous le recommandions autant qu'il est possible, et si les Mores avaient trouvé sur lui ces papiers, ils l'auraient brûlé vif. Je savais qu'il connaissait parfaitement l'arabe, qu'il était capable non-seulement de le parler, mais de l'écrire; toutefois, avant de m'ouvrir entièrement à lui, je lui dis de me lire ce papier, que j'avais trouvé par hasard dans une fente de mon hangar. Il le déplia et resta un bon moment à l'examiner et à l'épeler en murmurant entre ses dents. Je lui demandai s'il le comprenait; il me répondit que oui, et que si je voulais qu'il

Con esto se escapan	Avec cela ils se préservent
de aquel primer ímpetu,	de ce premier mouvement,
y se reconcilian con la Iglesia	et se réconcilient avec l'Église
sin que les haga daño,	sans que *cela* leur fasse tort, [sion),
y cuando ven la suya,	et quand *ils* voient la leur (leur occa-
se vuelven	*ils* s'*en* retournent
á Berbería	à (en) Barbarie [ravant.
á ser lo que eran antes.	à (pour) être ce qu'*ils* étaient aupa-
Hay otros	Il y *en* a d'autres
que usan destos papeles,	qui se-servent de-ces papiers,
y los procuran	et les recherchent
con buen intento,	avec bonne intention,
y se quedan	et se tiennent
en tierra de cristianos.	en terre de chrétiens.
23. Pues	23. Donc
uno de los renegados	un des renégats
que he dicho	que *j*'ai dit
era este amigo,	était cet ami,
el cual tenia firmas	lequel avait *des* signatures
de todas nuestras camaradas,	de tous nos camarades,
donde le acreditábamos	où *nous* le recommandions
cuanto era posible;	autant-qu'*il* était possible ;
y si los moros	et si les Mores
le hallaran	lui trouvassent (eussent trouvé)
estos papeles,	ces papiers,
le quemaran vivo.	*ils* le brûlassent (l'eussent brûlé) vif.
Supe	*Je* sus
que sabia muy bien arábigo,	qu'*il* savait fort bien *l*'arabe,
y no solamente hablarlo,	et non-seulement le-parler,
sino escribirlo ;	mais l'-écrire ;
pero antes que me declarase	mais avant que *je* m'expliquasse
con él	avec lui
del todo,	du tout (complétement),
le dije	*je* lui dis
que me leyese aquel papel,	qu'*il* me lût ce papier,
que acaso me habia hallado	qui par-hasard m'avait trouvé
en un agujero de mi rancho.	dans un trou de ma chambre.
Abrióle,	*Il* l'-ouvrit,
y estuvo un buen espacio	et fut un bon espace *de temps*
mirándole y construyéndole,	l'-examinant et le-traduisant,
murmurando entro los dientes.	en-murmurant entre les dents.
Preguntéle	*Je* lui-demandai
si lo entendia :	s'*il* l'entendait :
díjome que muy bien,	*il* me-dit que fort bien,

declarase palabra por palabra, que le diese tinta y pluma, porque mejor lo hiciese. Dímosle luego lo que pedia, y él poco á poco lo fué traduciendo, y en acabando díjo : « Todo lo que va aquí en romance, sin faltar letra, es lo que contiene este papel morisco, y hase de advertir que adonde dice : *Lela Márien*, quiere decir : *nuestra Señora la Vírgen Maria.* » Leimos el papel, y decia así :

24. « Cuando yo era niña, tenia mi padre una esclava[1], la cual en mi lengua me mostró la zalá cristianesca, y me dijo muchas cosas de Lela Márien. La cristiana murió, y yo sé que no fué al fuego, sino con Alá, porque despues la ví dos veces, y me dijo que me fuese á tierra de cristianos á ver á Lela Márien, que me queria mucho. No sé yo cómo vaya : muchos cristianos he visto por esta ventana, y ninguno me ha pare-

me le traduisît mot pour mot, je n'avais qu'à lui donner une plume et de l'encre, que cela lui serait plus facile ainsi. Nous lui donnâmes aussitôt ce qu'il demandait; il traduisit petit à petit, et dit à la fin : « Tout ce qui est ici en espagnol est le contenu du billet arabe, il n'y manque pas une lettre; mais il faut faire attention que là où se trouve *Lella Marien*, cela veut dire notre Dame la Vierge Marie. » Nous lûmes le papier; voici ce qu'il disait :

24. « Quand j'étais petite, mon père avait une esclave qui m'apprit en ma langue la zala chrétienne, et qui me dit beaucoup de choses de Lella Marien. La chrétienne mourut, et je sais qu'elle n'alla point dans les flammes, mais avec Allah, car depuis je la vis deux fois, et elle me dit d'aller dans le pays des chrétiens pour voir Lella Marien qui m'aimait beaucoup. Je ne sais comment y aller : j'ai vu par cette fenêtre beaucoup de chrétiens, et aucun, si ce n'est toi, ne m'a paru être gentilhomme. Je suis fort belle et

y que si queria	et que si *je* voulais
que me lo declarase	qu'*il* me l'expliquât
palabra por palabra,	mot pour mot,
que le diese tinta y pluma,	que *je* lui donnasse encre et plume,
porque lo hiciese mejor.	pour-qu'*il* le fît mieux.
Dímosle luego	*Nous* lui-donnâmes aussitôt
lo que pedia,	ce qu'*il* demandait,
y él poco á poco	et lui peu à peu
fué lo traduciendo,	fut le traduisant,
y en acabando dijo :	et en finissant dit :
« Todo lo que vá aquí	« Tout ce qui va (est) ici
en romance,	en langue-castillane,
sin faltar letra,	sans manquer *une* lettre,
es lo que contiene	est ce que contient
este papel morisco,	ce papier moresque,
y hase de advertir	et on-a *lieu* de faire-attention
que adonde dice Lela Márien,	que où *il* dit Lella Marien,
quiere decir	*il* veut dire
nuestra Señora la Vírgen María.»	notre Dame la Vierge Marie. »
Leimos el papel,	*Nous* lûmes le papier,
y decia asi :	et *il* disait ainsi :
24. « Cuando yo era niña,	24. « Quand j'étais petite-fille,
mi padre tenia una esclava,	mon père avait une esclave,
la cual me mostró	la quelle m'apprit
en mi lengua	en ma langue
la zalá cristianesca,	la zala chrétienne,
y me dijo muchas cosas	et me dit beaucoup-de choses
de Lela Márien.	de Lella Marien.
La cristiana murió,	La chrétienne mourut,
y yo sé que no fué al fuego,	et je sais qu'*elle* n'alla pas au feu,
sino con Alá,	mais avec Allah,
porque despues	parce-que depuis
la vi dos veces,	*je* la vis deux fois,
y me dijo	et *elle* me dit
que me fuese	que *je* m'*en* allasse
á tierra de cristianos	à terre (en pays) de chrétiens
á ver á Lela Márien,	à (pour) voir Lella Marien,
que me queria mucho.	qui me chérissait beaucoup.
Yo no sé	Je ne sais
cómo vaya :	comment j'aille (comment y aller) :
he visto muchos cristianos	j'ai vu beaucoup-de chrétiens
por esta ventana,	par cette fenêtre,
y ninguno	et aucun
me ha parecido caballero	*ne* m'a paru gentilhomme

4

cido caballero sino tú. Yo soy muy hermosa y muchacha, y tengo muchos dineros que llevar conmigo : mira tú si puedes hacer cómo nos vamos, y serás allá mi marido si quisieres, y si no quisieres no se me dará nada, que Lela Márien me dará con quien me case. Yo escribí esto, mira á quien lo das á leer, no te fies de ningun moro, porque son todos marfuces[1]. Desto tengo mucha pena, que quisiera que no te descubrieras á nadie, porque si mi padre lo sabe, me echará luego en un pozo y me cubrirá de piedras. En la caña pondré un hilo, ata allí la respuesta, y si no tienes quien te escriba arábigo, dímelo por señas, que Lela Márien hará que te entienda. Ella y Alá te guarde, y esa cruz que yo beso muchas veces, que así me lo mandó la cautiva. »

25. Mirad, señores, si era razon que las razones deste papel nos admirasen y alegrasen; y así lo uno y lo otro fué

jeune, et j'ai beaucoup d'argent à emporter avec moi : vois si tu peux faire que nous partions ensemble ; là-bas tu seras mon mari si tu le désires ; si tu ne le veux pas, cela ne me fera rien, Lella Marien me donnera avec qui m'établir. Je t'ai écrit ceci, mais prends bien garde à qui tu le donneras à lire, et ne te fie à aucun More, ce sont tous des perfides. Ce qui me fait beaucoup de peine, c'est que je voudrais que tu ne te découvrisses à personne, parce que si mon père le sait, il me jettera bien vite dans un puits et me couvrira de pierres. Je mettrai un fil à la canne, attaches-y la réponse, et si tu n'as personne pour te l'écrire en arabe, explique-toi par signes, Lella Marien fera que je te comprenne. Qu'elle te protége, ainsi qu'Allah et cette croix que je baise souvent, comme me l'a recommandé la captive. »

"25. Jugez, seigneurs, s'il était juste que le contenu de ce billet nous surprit et nous enchantât; ces deux sentiments parurent de

sino tú.	sinon toi.
Yo soy muy hermosa	Je suis fort belle
y muchacha,	et jeune,
y tengo muchos dineros	et *j*'ai beaucoup-de pièces-d'argent
que llevar conmigo :	que (à) emporter avec-moi :
mira tú si puedes hacer	vois, toi, si *tu* peux faire
cómo nos vamos,	comment nous *nous en* allons.
y serás allá mi marido	et *tu* seras là-bas mon mari
si quisieres,	si *tu* voudras (si tu veux),
y si no quisieres	et si *tu* ne voudras (ne veux) pas
nada no se dará me,	rien ne se donnera à moi (cela ne me
que Lela Márien	*parce* que Lella Marien [fera rien),
me dará	me donnera *quelqu'un*
con quien me case.	avec qui *je* m'établisse.
Yo escribí esto,	J'écrivis (j'ai écrit) ceci,
mira á quien lo das á leer,	vois à qui *tu* le donnes à lire,
no te fies de ningun moro,	ne te fie de (à) aucun More,
porque son todos marfuces.	parce-qu'*ils* sont tous trompeurs.
Tengo mucha pena desto,	J'ai beaucoup-de chagrin de-ceci,
que quisiera	que je voulusse (j'aurais voulu)
que no te descubrieras	que *tu* ne te découvrisses
á nadie,	à personne,
porque si mi padre lo sabe,	parce-que si mon père le sait,
me echará luego	*il* me jettera aussitôt
en un pozo	dans un puits
y me cubrirá de piedras.	et me couvrira de pierres.
Pondré un hilo en la caña,	*Je* mettrai un fil en (à) la canne,
ata allí la respuesta,	attache là (attaches-y) la réponse,
y si no tienes	et si *tu* n'as pas *quelqu'un*
quien te escriba arábigo,	qui t'écrive arabe,
dímelo por señas,	dis-moi-le par signes,
que Lela Márien	*parce* que Lella Marien
hará que te entienda.	fera que *je* t'entende.
Ella y Alá te guarde,	*Qu'*elle et Allah te garde,
y esa cruz	et cette croix
que yo beso muchas veces,	que je baise beaucoup-de fois,
que la cautiva	*parce* que la captive
me lo mandó así. »	me le recommanda ainsi. »
25. Mirad, señores,	25. Voyez, seigneurs,
si razon era	si raison était (s'il était juste)
que las razones deste papel	que les raisons (termes) de-ce papier
nos admirasen y alegrasen;	nous étonnassent et réjouissent;
y así	et aussi [joie)
lo uno y lo otro	l'un et l'autre (l'étonnement et la

de manera que el renegado entendió que no acaso se habia hallado aquel papel, sino que realmente á alguno de nosotros se habia escrito; y así nos rogó que si era verdad lo que sospechaba, que nos fiásemos dél, y se lo dijésemos, que él aventuraria su vida por nuestra libertad; y diciendo esto, sacó del pecho un crucifijo de metal, y con muchas lágrimas juró por el Dios que aquella imágen representaba, en quien él, aunque pecador y malo, bien y fielmente creia, de guardarnos lealtad y secreto en todo cuanto quisiésemos descubrirle, porque le parecia y casi adivinaba que por medio de aquella, que aquel papel habia escrito, habia él y todos nosotros de tener libertad, y verse él en lo que tanto deseaba, que era reducirse al gremio de la santa Iglesia su madre, de quien como miembro podrido estaba dividido y apartado por su ignorancia y pecado. Con tantas lágrimas y con muestras de

telle sorte que le renégat comprit que ce papier ne s'était pas trouvé par hasard, mais avait été réellement écrit à l'un de nous; il nous pria, si ce qu'il soupçonnait était vrai, d'avoir confiance en lui et de le lui dire, qu'il hasarderait sa vie pour notre liberté. En disant cela, il tira de son sein un crucifix de métal, et, pleurant à chaudes larmes, jura par le Dieu que cette image représentait, en qui, bien que pécheur et pervers, il croyait sincèrement et fidèlement, de nous garder un secret inviolable sur tout ce que nous voudrions lui découvrir; il lui semblait, disait-il, il pressentait qu'au moyen de celle qui avait écrit ce billet, il recouvrerait ainsi que nous tous la liberté, et se verrait dans cet état si désiré par lui, rentré dans le giron de la sainte Église sa mère, dont il était séparé et retranché comme un membre pourri par son ignorance et son péché. Le renégat accompagna cette déclaration de

fué de manera	fut de *telle* sorte
que el renegado entendió	que le renégat comprit [hasard
que no se habia hallado acaso	que non-pas on avait trouvé par-
aquel papel,	ce papier,
sino que realmente	mais que réellement
se habia escrito	on *l'*avait écrit
á alguno de nosotros;	à quelqu'un de nous;
y así nos rogó	et ainsi *il* nous pria
que si lo que sospechaba	que si ce qu'*il* soupçonnait
era verdad,	était *la* vérité,
que nos fiásemos dél,	que *nous* nous fiassions de(à)-lui.
y se lo dijésemos,	et lui le (et le lui) dissions,
que él aventuraria su vida	qu'il exposerait sa vie
por nuestra libertad;	pour notre liberté;
y diciendo esto,	et en-disant ceci,
sacó del pecho	*il* tira du (de son) sein
un crucifijo de metal,	un crucifix de métal,
y con muchas lágrimas	et avec beaucoup-de larmes
juró por el Dios	jura par le Dieu
que aquella imágen	que cette image
representaba,	représentait,
en quien,	en lequel,
aunque pecador y malo,	quoique pécheur et méchant,
él creia bien y fielmente,	il croyait bien et fidèlement,
de guardarnos lealtad y secreto	de nous-garder loyauté et secret
en todo cuanto	en tout ce-que
quisiésemos	*nous* voulussions (voudrions)
descubrirle,	lui-découvrir,
porque le parecia	parce-qu'*il* lui paraissait
y casi adivinaba	et presque *il* devinait
que por medio de aquella,	que par *le* moyen de celle-là,
que habia escrito aquel papel,	qui avait écrit ce papier,
habia de tener libertad	*il* avait *lieu* d'avoir liberté
él y nosotros todos,	lui et nous tous,
y verse él	et *de* se-voir lui
en lo que deseaba tanto,	en ce qu'*il* désirait tant,
que era reducirse	qui était *de* se-remettre
al gremio de la santa Iglesia	au giron de la sainte Église
su madre,	sa mère,
de quien	de laquelle
como miembro podrido	comme *un* membre pourri
estaba dividido y apartado	*il* était séparé et retranché
por su ignorancia y pecado.	par son ignorance et *son* péché.
El renegado dijo esto	Le renégat dit cela

tanto arrepentimiento dijo esto el renegado, que todos de un mismo parecer consentimos y venimos en declararle la verdad del caso, y así le dimos cuenta de todo sin encubrirle nada. Mostrámosle la ventanilla por donde parecia la caña, y él marcó desde allí la casa, y quedó de tener especial y gran cuidado de informarse quién en ella vivia. Acordamos ansimismo que seria bien responder al billete de la mora, y como teníamos quien lo supiese hacer, luego al momento el renegado escribió las razones que yo le fuí notando, que puntualmente fueron las que diré, porque de todos los puntos sustanciales que en este suceso me acontecieron, ninguno se me ha ido de la memoria, ni aun se me irá en tanto que tuviere vida. En efecto lo que á la mora se le respondió fué esto:

26. « El verdadero Alá te guarde, señora mia, y aquella

tant de larmes, de tant de preuves d'un touchant repentir, que tous, d'un commun accord, nous consentîmes à lui déclarer la vérité de l'aventure, et nous lui rendîmes compte de tout sans rien lui cacher. Nous lui montrâmes la petite fenêtre par où sortait la canne, il remarqua la maison, et promit qu'il s'occuperait sérieusement et activement de savoir par qui elle était habitée. Il nous parut aussi qu'il serait bon de répondre au billet de la Moresque, et comme nous avions quelqu'un en état de le faire, le renégat écrivit au moment même ce que je lui dictai; je vais vous le répéter exactement, car de tous les détails importants de cette aventure, aucun n'est sorti de ma mémoire, et tant que j'aurai vie aucun n'en sortira. Voici donc ce qui fut répondu à la Moresque :

26. « Que le véritable Allah te garde, madame, et aussi cette

con tantas lágrimas	avec tant-de larmes
y con muestras	et avec *des* marques
de tanto arrepentimiento,	de tant-de repentir,
que todos de un mismo parecer	que tous d'un même avis
consentimos	*nous* consentîmes [clarer
y venimos en declararle	et vînmes en (et en vînmes à) lui-dé-
la verdad del caso,	la vérité du fait,
y así	et ainsi
le dimos cuenta	lui donnâmes (rendîmes) compte
de todo	de tout
sin encubrirle nada.	sans lui-cacher rien.
Mostrámosle	*Nous* lui montrâmes
la ventanilla	la petite-fenêtre
por donde parecia la caña,	par où paraissait la canne,
y él marcó desde allí la casa,	et il remarqua depuis là la maison,
y quedó	et promit
de tener especial y gran cuidado	d'avoir spécial et grand soin
de informarse	de s'-informer
quién vivia en ella.	qui vivait en elle (y demeurait).
Acordamos ansimismo	*Nous* décidâmes aussi
que seria bien responder	qu'*il* serait bien *de* répondre
al billete de la mora,	au billet de la Moresque,
y como teniamos	et comme *nous* avions *quelqu'un*
quien lo supiese hacer,	qui le sût faire (qui savait le faire),
luego al momento	aussitôt au moment
el renegado escribió las razones	le rénégat écrivit les raisons (choses)
que yo le fuí notando,	que je lui allai dictant,
que fueron puntualmente	qui furent exactement
las que diré,	celles que *je* dirai (vais dire),
porque	parce-que [tielles
de todos los puntos sustanciales	de toutes les circonstances essen-
que me acontecieron	qui m'arrivèrent
en este suceso,	dans cette aventure, [moi
ninguno se ha ido me	aucune ne s'a (ne s'en) est allée à
de la memoria,	de la mémoire,
ni aun se irá me	ni même *ne* s'*en* ira à moi
en tanto que	en tant (aussi longtemps) que
tuviere vida.	j'aurai vie.
En efecto	En effet
lo que se le respondió	ce qu'on lui répondit
á la mora	à la Moresque
fué esto :	fut ceci :
26. « El verdadero Alá	26. « *Que* le véritable Allah
te guarde, señora mia,	te garde, dame mienne (madame),

bendita Márien, que es la verdadera madre de Dios, y es la que te ha puesto en corazon que te vayas á tierra de cristianos, porque te quiere bien. Ruégale tú que se sirva de darte á entender cómo podrás poner por obra lo que te manda, que ella es tan buena, que sí hará. De mi parte y de la de todos estos cristianos, que están conmigo, te ofrezco de hacer por ti todo lo que pudiéremos hasta morir. No dejes de escribirme y avisarme lo que pensares hacer, que yo te responderé siempre : que el grande Alá nos ha dado un cristiano cautivo que sabe hablar y escribir tu lengua tan bien como lo verás por este papel. Así que, sin tener miedo, nos puedes avisar de todo lo que quisieres. A lo que dices, que si fueres á tierra de cristianos, que has de ser mi mujer, yo te lo prometo como buen cristiano, y sabes que los cris-

bienheureuse Marien, la vraie mère de Dieu, qui t'a mis dans le cœur de te rendre en pays chrétien, parce qu'elle t'aime tendrement. Prie-la qu'il lui plaise de te faire entendre comment tu pourras exécuter l'ordre qu'elle te donne; car elle est si bonne qu'elle t'exaucera. Pour ce qui nous regarde, moi et tous ces chrétiens qui sont avec moi, je t'offre de faire pour toi tout ce que nous pourrons, jusqu'à mourir. Ne manque pas de m'écrire et de m'informer de ce que tu penseras faire; je te répondrai toujours, car le grand Allah nous a donné un chrétien captif qui sait bien parler et écrire ta langue, comme tu pourras en juger par ce billet. Ainsi tu peux sans crainte nous aviser de tout ce que tu voudras. Quant à ce que tu dis, que si tu vas en pays chrétien tu dois être ma femme, je te le promets comme bon chrétien, et tu sais

y aquella Márien bendita,	et cette Marien bénie,
que es la verdadera madre	qui est la vraie mère
de Dios,	de Dieu,
y es la que te ha puesto	et *qui* est celle qui t'a mis
en corazon	dans *le* cœur
que te vayas	que *tu* t'*en* ailles
á tierra de cristianos,	à terre (en pays) de chrétiens,
porque te quiere bien.	parce qu'*elle* t'aime bien.
Ruégale tú	Prie-la, toi, [te-donner
que se sirva de darte	qu'*elle* se serve de (qu'elle daigne)
á entender	à entendre
cómo podrás	comment *tu* pourras
poner por obra	mettre par (en) œuvre
lo que te manda,	ce qu'*elle* te commande,
que ella es tan buena,	*parce* qu'elle est si bonne,
que hará sí.	qu'*elle* fera ainsi.
De mi parte	De ma part
y de la de todos estos cristianos,	et de celle de tous ces chrétiens,
que están conmigo,	qui sont avec-moi,
te ofrezco de hacer por ti	*je* t'offre de faire pour toi
todo lo que pudiéremos	tout ce que *nous* pourrons
hasta morir.	jusqu'à mourir.
No dejes de escribirme	Ne manque pas de m'-écrire
y avisarme	et *de* m'-informer
lo que pensares hacer,	*de* ce que *tu* penseras faire,
que yo te responderé siempre :	*parce* que je te répondrai toujours :
que el grande Alá	car le grand Allah
nos ha dado un cristiano cautivo	nous a donné un chrétien captif
que sabe hablar	qui sait parler
y escribir tu lengua	et écrire ta langue
tan bien como lo verás	aussi bien comme (que) *tu* le verras
por este papel.	par ce papier.
Así que,	De-telle-sorte que,
sin tener miedo,	sans avoir crainte,
puedes nos avisar	*tu* peux nous informer
de todo lo que quisieres.	de tout ce que *tu* voudras.
A lo que dices,	*Quant* à ce que *tu* dis,
que si fueres	que si *tu* iras (si tu vas)
á tierra de cristianos	à terre (en pays) de chrétiens
que has de ser mi mujer,	que *tu* as *dessein* d'être ma femme,
yo te lo prometo	je te le promets
como buen cristiano,	comme bon chrétien,
y sabes que los cristianos	et *tu* sais que les chrétiens
cumplen lo que prometen	accomplissent ce qu'*ils* promettent

tianos cumplen lo que prometen mejor que los moros. Alá y Márien su madre sean en tu guarda, señora mia. »

27. Escrito y cerrado este papel, aguardé dos dias á que estuviese el baño solo como solia, y luego salí al paso acostumbrado del terradillo por ver si la caña parecia, que no tardó mucho en asomar. Así como la ví, aunque no podia ver quien la ponia, mostré el papel como dando á entender que pusiesen el hilo; pero ya venia puesto en la caña, al cual até el papel, y de allí á poco tornó á parecer nuestra estrella con la blanca bandera de paz del atadillo. Dejáronla caer, y alzéla yo, y hallé en el paño en toda suerte de moneda de plata y de oro mas de cincuenta escudos, los cuales cincuenta veces mas doblaron nuestro contento y confirmaron la esperanza de tener libertad.

28. Aquella misma noche volvió nuestro renegado, y nos dijo que habia sabido que en aquella casa vivia el mismo

---

que les chrétiens tiennent mieux leurs promesses que les Mores. Qu'Allah et Marien sa mère t'aient en leur garde, madame. »

7. Cette lettre écrite et cachetée, j'attendis deux jours que le bagne fût vide comme d'habitude, et aussitôt j'allai à la promenade ordinaire de la terrasse pour voir si la canne paraissait; elle ne tarda pas beaucoup à se montrer. Dès que je la vis, bien que je ne pusse apercevoir qui la tenait, je montrai le papier comme pour faire entendre qu'on mît le fil; mais déjà il était après la canne. J'y attachai le papier, et bientôt après reparut notre étoile avec la blanche bannière de paix, le mouchoir. On le laissa tomber, je le ramassai et trouvai dedans en toute sorte de monnaies d'argent et d'or plus de cinquante écus, qui doublèrent cinquante fois nôtre contentement et nous confirmèrent dans l'espérance de recouvrer la liberté.

28. Cette même nuit notre renégat revint; il avait appris, nous dit-il, que cette maison était habitée par le même More dont on

LE CAPTIF.

mejor que los moros.	mieux que les Mores.
Alá y Márien su madre	*Que* Allah et Marien sa mère
sean en tu guarda,	soient en ta garde (t'aient en leur
señora mia. »	dame mienne (madame).» [garde),
27. Este papel	27. Ce papier
escrito y cerrado,	*étant* écrit et fermé,
aguardé dos dias	j'attendis deux jours
que el baño estuviese solo	que le bagne fût solitaire
como solia,	comme *il* avait-coutume *d'être*,
y luego salí	et aussitôt *je* sortis (j'allai)
al paso acostumbrado	au passage accoutumé
del terradillo	de la petite-terrasse
por ver si la caña parecia,	pour voir si la canne paraissait,
que no tardó mucho	laquelle ne tarda pas beaucoup
en asomar.	en (à) *se* montrer.
Asi como la ví,	Ainsi comme (dès que) *je* la vis,
aunque no podia ver	quoique *je* ne pouvais (ne pusse)
quien la ponia,	qui la mettait, [voir
mostré el papel	*je* montrai le papier
como dando á entender	comme donnant à entendre
que pusiesen el hilo;	qu'*ils* missent le fil;
pero ya venia puesto	mais déjà *il* venait (était) mis
en la caña,	en (après) la canne,
al cual até el papel,	auquel *j*'attachai le papier,
y de allí á poco	et de là à peu (et peu après)
nuestra estrella tornó á parecer	notre étoile revint à paraître
con la blanca bandera de paz	avec la blanche bannière de paix
del atadillo.	du petit-paquet.
Dejáronla caer,	*Ils* la-laissèrent tomber,
y yo alzéla,	et je la-ramassai,
y hallé en el paño	et trouvai dans la toile
en toda suerte de moneda	en toute sorte de monnaie
de plata y de oro	d'argent et d'or
mas de cincuenta escudos,	plus de cinquante écus,
los cuales cincuenta veces mas	les quels cinquante fois plus
doblaron nuestro contento	doublèrent notre contentement
y confirmaron la esperanza	et confirmèrent l'espérance
de tener libertad.	d'avoir liberté.
28. Aquella misma noche	28. Cette même nuit
nuestro renegado volvió,	notre renégat revint,
y nos dijo que habia sabido	et nous dit qu'*il* avait su
que en aquella casa	que dans cette maison
vivia el mismo moro	vivait le même More [avait) dit
que nos habian dicho	qu'*ils* nous avaient (qu'on nous

moro que á nosotros nos habian dicho, que se llamaba Agimorato, riquísimo por todo extremo, el cual tenia una sola hija heredera de toda su hacienda, y que era comun opinion en toda la ciudad ser la mas hermosa mujer de la Berbería, y que muchos de los vireyes que allí venian la habian pedido por mujer, y que ella nunca se habia querido casar¹, y que tambien supo que tuvo una cristiana cautiva, que ya se habia muerto. Todo lo cual concertaba con lo que venia en el papel. Entramos luego en consejo con el renegado en qué órden se tendria para sacar á la mora, y venirnos todos á tierra de cristianos, y en fin se acordó por entónces que esperásemos al aviso segundo de Zoraida, que así se llamaba la que ahora quiere llamarse María : porque bien vimos que ella, y no otra alguna, era la que habia de dar medio á todas aquellas difi-

nous avait parlé ; il s'appelait Agimorato, était immensément riche, et n'avait qu'une fille unique pour hériter de tous ses biens ; cette fille passait dans toute la ville pour la plus belle femme de la Barbarie ; plusieurs des vice-rois qui venaient à Alger avaient demandé sa main, mais jamais elle n'avait voulu se marier ; on savait aussi qu'elle avait eu une captive chrétienne, morte déjà depuis longtemps. Tout cela s'accordait avec le contenu de la lettre. Nous entrâmes aussitôt en conseil avec le renégat sur le plan qu'on suivrait pour enlever la Moresque et nous en aller tous en pays chrétien ; enfin on convint que pour le moment il fallait attendre le second avis de Zoraïde, car ainsi s'appelait celle qui aujourd'hui veut se nommer Marie : nous voyions bien qu'elle seule, et nulle autre, pouvait donner issue à toutes ces difficultés. Quand

á nosotros,	à nous,
que se llamaba Agimorato,	qui s'appelait Agimorato,
riquísimo	très-riche
por todo extremo,	par tout extrême (à l'excès),
el cual tenia una sola hija	le quel avait une seule fille
heredera de toda su hacienda,	héritière de tout son avoir,
y que opinion comun	et que *l'*opinion commune
en toda la ciudad	dans toute la ville
era ser	était être (qu'elle était)
la mas hermosa mujer	la plus belle femme
de la Berbería,	de la Barbarie,
y que muchos de los vireyes	et que beaucoup des vice-rois
que venian allí	qui venaient là
la habian pedido por mujer,	l'avaient demandée pour femme,
y que ella nunca	et que elle jamais
habia querido se casar,	*n*'avait voulu s'établir,
y que tambien supo	et que aussi *il* sut (avait appris)
que tuvo	qu'*elle* eut (avait eu)
una cristiana cautiva,	une chrétienne captive,
que ya se habia muerto.	qui déjà s'avait (était) morte.
Todo lo cual	Tout le quel (tout cela)
concertaba	s'-accordait
con lo que venia	avec ce qui venait (était)
en el papel.	dans le papier.
Entramos luego en consejo	*Nous* entrâmes aussitôt en conseil
con el renegado	avec le renégat
en qué órden se tendria	en (à) quel plan on tiendrait
para sacar á la mora,	pour enlever la Moresque,
y venirnos todos	et nous-*en*-venir tous
á tierra de cristianos,	à terre (en pays) de chrétiens,
y en fin se acordó	et en fin on décida
por entónces	pour alors (pour le moment)
que esperásemos	que *nous* attendissions
al segundo aviso	au second avis
de Zoraida,	de Zoraïde,
que así se llamaba	car ainsi s'appelait
la que ahora	celle qui à-présent
quiere llamarse María :	veut s'-appeler Marie :
porque vimos bien	parce-que *nous* vîmes bien
que ella,	que elle,
y no alguna otra,	et non aucune autre,
era la que habia	était celle qui avait *possibilité*
de dar medio	de donner moyen (issue)
á todas aquellas dificultades.	à toutes ces difficultés.

cultades. Despues que quedamos en esto, dijo el renegado que no tuviésemos pena, que él perderia la vida ó nos pondria en libertad. Cuatro dias estuvo el baño con gente, que fué ocasion que cuatro dias tardase en parecer la caña, al cabo de los cuales en la acostumbrada soledad del baño pareció con el lienzo tan preñado, que felicísimo parto prometia. Inclinóse á mí la caña y el lienzo, hallé en él otro papel y cien escudos de oro sin otra moneda alguna. Estaba allí el renegado, dímosle á leer el papel dentro de nuestro rancho, el cual dijo que así decia :

29. « Yo no sé, mi señor, cómo dar órden que nos vamos á España, ni Lela Márien me lo ha dicho, aunque yo se lo he preguntado : lo que se podrá hacer es, que yo os daré por esta ventana muchísimos dineros de oro : rescataos vos con ellos y vuestros amigos, y vaya uno en tierra de cristianos, y compre allá una barca y vuelva por los demas, y á mí me

nous fûmes arrêtés à ce parti, le renégat nous dit de ne pas nous tourmenter, qu'il perdrait la vie ou nous mettrait en liberté. Pendant quatre jours il y eut du monde dans le bagne, ce qui fut cause que la canne tarda quatre jours à paraître; enfin, le bagne étant désert comme de coutume, elle se montra avec un paquet si gros qu'il promettait la plus heureuse portée. La canne s'inclina vers moi avec le mouchoir, j'y trouvai un autre billet et cent écus d'or sans autre monnaie. Le renégat était là, nous lui dîmes de lire le papier dans notre chambrée, et voici, d'après lui, ce qu'il contenait :

29. « Je ne sais, mon seigneur, comment faire pour nous en aller en Espagne, et Lella Marien ne me l'a pas dit, bien que je le lui aie demandé : ce qui me sera possible, ce sera de vous donner par cette fenêtre une grande quantité de pièces d'or; rachetez-vous avec cela, vous et vos amis, et qu'un de vous s'en aille en pays chrétien, y achète une barque, et revienne chercher les autres. Pour moi, on me

Despues que quedamos en esto,	Après que *nous* nous-arrêtâmes en (à) cela, [(nous fûmes arrêtés)
el renegado dijo	le renégat dit
que no tuviésemos pena,	que *nous* n'eussions pas *de* chagrin,
que él perderia la vida	qu'il perdrait la vie
ó nos pondria en libertad.	ou nous mettrait en liberté.
Cuatro dias	*Pendant* quatre jours
el baño estuvo con gente,	le bagne fut avec *du* monde,
que fué ocasion	*ce* qui fut cause
que cuatro dias	que *pendant* quatre jours
la caña tardáse en parecer,	la canne tardât en (à) paraître,
al cabo de los cuales	au bout des quels *jours*
en la soledad acostumbrada	dans la solitude accoutumée
del baño	du bagne
pareció con el lienzo	*elle* parut avec le mouchoir
tan preñado, que prometia	si gros, qu'il promettait
parto felicísimo.	*un* enfantement très-heureux.
La caña y el lienzo	La canne et le mouchoir
inclinóse á mí,	s'inclina à (vers) moi,
hallé en él otro papel	*je* trouvai dans lui *un* autre papier
y cien escudos de oro	et cent écus d'or
sin alguna otra moneda.	sans aucune autre monnaie.
El renegado estaba allí,	Le renégat était là,
dimosle el papel á leer	*nous* lui-donnâmes le papier à lire
dentro de nuestro rancho,	au-dedans de notre chambrée,
el cual dijo	le quel *renégat* dit
que decia así :	que *le papier* disait ainsi :
29. « Yo no sé, mi señor,	29. « Je ne sais, mon seigneur,
cómo dar órden	comment donner *un* plan
que nos vamos	*pour* que nous (allons) allions
á España,	à (en) Espagne
ni Lela Márien me lo ha dicho,	ni Lella Marien *ne* me l'a dit,
aunque yo	quoique moi
se lo he preguntado :	*je* lui le (le lui) ai (aie) demandé :
lo que se podrá hacer	ce qui se pourra faire
es que yo os daré	est que je vous donnerai
por esta ventana	par cette fenêtre
muchísimos dineros de oro, :	de très-nombreuses pièces d'or :
rescataos con ellos	rachetez-vous avec elles
vos y vuestros amigos,	vous et vos amis,
y uno vaya	et *qu*'un aille
en tierra de cristianos,	en terre de chrétiens,
y compre allá una barca	et achète là une barque [tres,
y vuelva por los demas,	et revienne pour *chercher* les au-

hallará en el jardin de mi padre, que está á la puerta de Babazon[1] junto á la marina, donde tengo de estar todo este verano con mi padre y con mis criados : de allí de noche me podreis sacar sin miedo, y llevarme á la barca. Y mira que has de ser mi marido, porque sino yo pediré á Márien que te castigue. Si no te fias de nadie que vaya por la barca, rescátate tú y vé, que yo sé que volverás mejor que otro, pues eres caballero y cristiano. Procura saber el jardin, y cuando te pasees por ahí, sabré que está solo el baño, y te daré mucho dinero. Alá te guarde, señor mio. »

30. Esto decia y contenia el segundo papel, lo cual visto por todos, cada uno se ofreció querer ser el rescatado, y prometió de ir y volver con toda puntualidad; y tambien yo me ofrecí á lo mismo : á todo lo cual se opuso el renegado, diciendo que en ninguna manera consentiria que ninguno saliese

trouvera dans le jardin de mon père, qui est à la porte de Bab-Azoun, près de la marine; j'y dois demeurer tout cet été avec mon père et mes serviteurs; là vous pourrez sans crainte m'enlever la nuit et me conduire à la barque. Prends bien garde que tu dois être mon mari, sinon je prierai Marien de te punir. Si tu ne te fies à personne pour aller acheter la barque, rachète-toi et vas-y, car je sais que tu reviendras plus sûrement qu'un autre, étant gentilhomme et chrétien. Occupe-toi de savoir où est le jardin, et quand tu te promèneras par ici, je saurai qu'il n'y a personne au bagne et je te donnerai beaucoup d'argent. Qu'Allah te garde, mon seigneur. »

30. Voilà ce que disait et contenait le second billet; quand tous l'eurent vu, chacun s'offrit pour être racheté, promettant d'aller et de revenir très-exactement; je m'offris aussi comme les autres; mais le renégat s'y refusa complétement, disant qu'il ne consenti-

y me hallará á mí	et *il* me trouvera moi
en el jardin de mi padre,	dans le jardin de mon père,
que está á la puerta de Babazon	qui est à la porte de Bab-Azoun
junto á la marina,	près à (de) la marine,
donde tengo de estar	où j'ai *obligation* d'être
todo este verano	tout cet été
con mi padre	avec mon père
y con mis criados :	et avec mes domestiques :
podreis me sacar de allí	*vous* pourrez m'enlever de là
de noche sin miedo,	de nuit sans crainte,
y llevarme á la barca.	et me-conduire à la barque.
Y mira que has	Et vois que tu as *obligation*
de ser mi marido,	d'être mon mari,
porque sino	parce-que sinon (sans cela)
yo pediré á Márien	je demanderai à Marien
que te castigue.	qu'*elle* te punisse.
Si no te fias de nadie	Si *tu* ne te fies de (à) personne
que vaya por la barca,	qui aille pour *chercher* la barque,
rescátate tú y vé,	rachète-toi, toi, et va,
que yo sé que volverás	car je sais que *tu* reviendras
mejor que otro,	mieux (plutôt) qu'*un* autre,
pues eres caballero	puisque *tu* es gentilhomme
y cristiano.	et chrétien.
Procura saber el jardin,	Fais-en-sorte *de* savoir le jardin,
y cuando	et quand [ici,
te pasees por ahí,	*tu* te-promènes (promèneras) par
sabré que el baño está solo,	je saurai que le bagne est solitaire,
y te daré mucho dinero.	et te donnerai beaucoup-d'argent.
Alá te guarde,	*Que* Allah te garde,
señor mio. »	seigneur mien (mon seigneur). »
30. El segundo papel	30. Le second papier
decia y contenia esto,	disait et contenait ceci,
lo cual visto por todos,	le quel *ayant été* vu par tous,
cada uno se ofreció	chacun s'offrit
querer ser el rescatado,	*pour* vouloir être le racheté,
y prometió de ir y volver	et promit d'aller et revenir
con toda puntualidad ;	avec toute exactitude ;
y tambien yo me ofrecí	et aussi moi *je* m'offris
á lo mismo :	au même (pour la même chose) :
á todo lo cual	à tout lequel (à tout cela)
se opuso el renegado,	s'opposa le renégat,
diciendo	disant
que en ninguna manera	que en aucune manière
consentiria	*il ne* consentirait

de libertad hasta que fuesen todos juntos, porque la experiencia le habia mostrado cuan mal cumplian los libres las palabras que daban en el cautiverio, porque muchas veces habian usado de aquel remedio algunos principales cautivos, rescatando á uno que fuese á Valencia ó Mallorca con dineros para poder armar una barca y volver por los que le habian rescatado, y nunca habian vuelto, porque la libertad alcanzada y el temor de no volver á perderla les borraba de la memoria todas las obligaciones del mundo. Y en confirmacion de la verdad que nos decia, nos contó brevemente un caso que casi en aquella misma sazon habia acaecido á unos caballeros cristianos, el mas extraño que jamas sucedió en aquellas partes donde á cada paso suceden cosas de grande espanto y de admiracion [1].

31. En efecto él vino á decir que lo que se podia y debia

rait jamais qu'aucun de nous devînt libre avant que nous le fussions tous ensemble : l'expérience lui avait démontré combien, une fois libre, on tenait peu les paroles que l'on avait données en captivité; car souvent des captifs de condition avaient employé ce moyen, rachetant quelqu'un qui devait aller à Valence ou à Majorque avec de l'argent pour armer une barque et revenir chercher ceux qui avaient payé son rachat; mais jamais personne n'était revenu, la liberté recouvrée et la crainte de la perdre de nouveau effaçant de la mémoire toutes les obligations du monde. Pour prouver qu'il disait vrai, il nous conta brièvement une aventure qui était arrivée presque en ce même temps à des gentilshommes chrétiens, la plus étrange qu'on eût jamais vue en ces contrées, où à chaque instant se produisent des choses admirables et grandement surprenantes.

31. Il conclut enfin que ce que l'on pouvait et devait faire,

que alguno saliese	que quelqu'un sortît
de libertad	*par suite* de liberté
hasta que fuesen	jusqu'à ce qu'*ils* fussent
todos juntos,	tous réunis,
porque la experiencia	parce-que l'expérience
le habia mostrado	lui avait montré [libres
cuan mal los libres	combien mal les *hommes une fois*
cumplian las palabras	accomplissaient les paroles
que daban en el cautiverio,	qu'*ils* donnaient dans la captivité,
porque muchas veces	parce-que beaucoup-de fois
algunos cautivos principales	quelques captifs de-condition
habian usado de aquel remedio,	avaient usé de ce remède,
rescatando á uno	*en* rachetant un
que fuese á Valencia	qui allât (pour aller) à Valence
ó Mallorca	ou à Majorque
con dineros	avec *de l'*argent
para poder armar una barca	pour pouvoir armer une barque
y volver por los	et revenir pour *chercher* ceux
que le habian rescatado,	qui *l'*avaient racheté,
y nunca	et jamais [venus),
habian vuelto,	*ils* n'avaient revenu (n'étaient re-
porque la libertad alcanzada	parce-que la liberté recouvrée
y el temor	et la peur
de no volver	de ne pas revenir (de revenir)
á perderla	à la-perdre
les borraba de la memoria	leur effaçait de la mémoire
todas las obligaciones	toutes les obligations
del mundo.	du monde.
Y en confirmacion de la verdad	Et en preuve de la vérité
que nos decia,	qu'*il* nous disait,
nos contó brevemente	*il* nous conta brièvement
un caso que habia acaecido	une aventure qui avait (était) arrivée
casi en aquella misma sazon	presque en cette même saison
á unos caballeros cristianos,	à des gentilshommes chrétiens,
el mas extraño	la plus étrange,
que jamas sucedió	qui jamais arriva
en aquellas partes	dans ces parages
donde á cada paso	où à chaque pas
suceden cosas	arrivent *des* choses
de grande espanto	de grand étonnement
y de admiracion.	et d'admiration.
31. En efecto	31. En résultat
él vinó á decir	il *en* vint à dire
que lo que se podia	que ce qu'on pouvait

hacer, era que el dinero que se habia de dar para rescatar al cristiano, que se le diese á él para comprar allí en Argel una barca con achaque de hacerse mercader y tratante en Tetuan y en aquella costa, y que siendo él señor de la barca, fácilmente se daria traza para sacarlos del baño y embarcarlos á todos. Cuanto mas que si la mora, como ella decia, daba dineros para rescatarlos á todos, que estando libres era facilísima cosa aun embarcarse en la mitad del dia, y que la dificultad que se ofrecia mayor era que los moros no consienten que renegado alguno compre ni tenga barca, sino es bajel grande para ir en corso, porque se temen[1] que el que compra barca, principalmente si es español, no la quiere sino para irse á tierra de cristianos; pero que él facilitaria este inconveniente con hacer que un moro tagarino[2] fuese á la parte con él en la compañía de la barca, y en la ganancia de las

---

c'était de lui donner à lui la somme qu'il faudrait payer pour racheter un chrétien; il achèterait une barque à Alger même, sous prétexte de se faire marchand et de négocier à Tétuan et sur toute cette côte; une fois maître de la barque, il trouverait facilement moyen de nous tirer du bagne et de nous embarquer tous. D'ailleurs si la Moresque, comme elle disait, donnait de l'argent pour racheter tout le monde, une fois libres, rien n'était plus facile que de s'embarquer même en plein jour; la plus grande difficulté qui se présentât était que les Mores ne consentent jamais à ce qu'un renégat achète ni possède une barque, à moins que ce ne soit un grand bâtiment pour aller en course; ils craignent que que l'acheteur, surtout s'il est Espagnol, ne fasse l'acquisition que pour s'en aller en pays chrétien; mais il écarterait cet obstacle en s'associant un More tagarin pour la possession de la barque et

'y debia hacer,	et devait faire,
era que el dinero	était que l'argent
que se habia de dar	qu'on avait *intention* de donner
para rescatar al cristiano,	pour racheter le chrétien,
que se le diese á él	qu'on le lui donnât à lui
para comprar allí en Argel	pour acheter là à Alger
una barca	une barque
con achaque	avec (sous) prétexte
de hacerse mercader	de se-faire marchand
y tratante en Tetuan	et négociant dans Tétuan
y en aquella costa,	et dans (sur) cette côte,
y que siendo él	et qu'étant, lui,
señor de la barca,	maître de la barque,
traza se daria	*un* plan se donnerait (s'offrirait)
fácilmente	facilement
para sacarlos del baño	pour les-tirer du bagne
y embarcarlos á todos.	et les-embarquer tous.
Cuanto mas que si la mora,	D'-autant plus que si la Moresque,
como ella decia,	comme elle disait,
daba dineros	donnait *de l*'argent
para rescatarlos á todos,	pour les-racheter tous,
que estando libres	que étant libres
era cosa facilísima	c'était chose très-facile
aun embarcarse	même *de* s'-embarquer
en la mitad del dia,	dans le milieu du jour,
y que la dificultad	et que la difficulté
que se ofrecia mayor	qui s'offrait plus grande
era que los moros	était que les Mores
no consienten	ne consentent pas
que alguno renegado	qu'aucun renégat
compre ni tenga barca,	achète ni ait barque,
sino es grande bajel	si *ce* n'est *un* grand vaisseau
para ir en corso,	pour aller en course,
porque se temen	parce qu'*ils* craignent
que el que compra barca,	que celui qui achète *une* barque,
principalmente si es español,	surtout s'*il* est espagnol,
no lo quiere sino para irse	ne le veuille que pour s'*en*-aller
á tierra de cristianos;	à terre (en pays) de chrétiens;
pero que él facilitaria	mais qu'il faciliterait (écarterait)
este inconveniente	cet empêchement
con hacer	avec faire (en faisant)
que un moro tagarino	qu'un More tagarin
fuese á la parte con él	fût à la part (de moitié) avec lui
en la compañía de la barca,	dans la société de la barque,

mercancías, y con esta sombra él vendria á ser señor de la barca, con que daba por acabado todo lo demas.

32. Y puesto que á mí y á mis camaradas nos habia parecido mejor lo de enviar por la barca á Mallorca, como la mora decia, no osamos contradecirle, temerosos que, si no hacíamos lo que él decia, nos habia de descubrir y poner á peligro de perder las vidas si descubriese el trato de Zoraida, por cuya vida diéramos todas las nuestras; y así determinamos de ponernos en las manos de Dios y en las del renegado. En aquel mismo punto se le respondió á Zoraida diciéndole que haríamos todo cuanto nos aconsejaba, porque lo habia advertido tan bien como si Lela Márien se lo hubiera dicho, y que en ella sola estaba dilatar aquel negocio ó ponello luego por obra. Ofrecímele de nuevo de ser su esposo, y con esto, otro

les bénéfices du commerce. Grâce à cet arrangement, il deviendrait maître du bâtiment, et alors il tenait tout le reste pour achevé.

32. Bien qu'il nous eût paru meilleur à mes camarades et à moi d'envoyer chercher la barque à Majorque, comme la Moresque disait, nous n'osâmes pas le contredire, de crainte que si nous ne suivions pas son idée, il n'en vînt à nous dénoncer, à révéler nos arrangements avec Zoraïde, et à nous mettre en danger de mort, nous tous et la Moresque, pour la vie de laquelle nous aurions sacrifié toutes les nôtres. Nous résolûmes donc de nous mettre dans les mains de Dieu et du renégat. Tout aussitôt on répondit à Zoraïde que nous ferions tout ce qu'elle nous conseillait, parce qu'elle nous avait aussi sagement avertis que si Lella Marien le lui avait dit; nous ajoutions que d'elle seule dépendait l'ajournement de l'entreprise ou son exécution immédiate. Je lui promis de nouveau d'être son mari, et un autre jour que le bagne se trouva vide,

y en la ganancia
de las mercancías,
y con esta sombra
él vendría
á ser señor de la barca,
con que daba por acabado
todo lo demás.

  32. Y puesto que
lo de enviar por la barca
á Mallorca,
como la mora decía,
nos había parecido mejor
á mí y á mis camaradas,
no osamos contradecirle,
temerosos que,
si no hacíamos
lo que él decía,
había de nos descubrir
y poner á peligro
de perder las vidas,
si descubriese
el trato de Zoraida,
por vida cuya
diéramos
todas las nuestras;
y así determinamos
de ponernos
en las manos de Dios
y en las del renegado.
En aquel mismo punto
se le respondió á Zoraida
diciéndole que haríamos
todo cuanto nos aconsejaba,
porque lo había advertido
tan bien
como si Lella Márien
se lo hubiera dicho,
y que en ella sola estaba
dilatar aquel negocio
ó ponello luego por obra.
Ofrecímele de nuevo
de ser su esposo,
  y con esto,
otro día que el baño

et dans le bénéfice
des trafics,   [blant)
et avec cette ombre (sous ce sem-
il viendrait
à être maître de la barque,
avec quoi *il* donnait pour achevé
tout le reste.

  32. Et bien que   [barque
le *fait* d'envoyer pour *chercher* la
à Majorque,
comme la Moresque disait,
nous avait (eût) paru meilleur
à moi et à mes camarades,
nous n'osâmes le-contredire,
inquiets que,
si *nous* ne faisions pas
ce qu'il disait,   [couvrir
il avait (n'eût) *idée* de nous dé-
et *nous* mettre à (en) danger
de perdre les vies,
s'*il* découvrît (découvrait)
le commerce de Zoraïde,
pour *la* vie de-laquelle
nous donnassions (aurions donné)
toutes les nôtres;
et ainsi *nous* résolûmes
de nous-mettre
en les mains de Dieu
et en celles du renégat.
Dans ce même instant
on lui répondit, à Zoraïde,
lui-disant que *nous* ferions
tout ce-qu'*elle* nous conseillait,
parce-qu'*elle* l'avait indiqué
aussi bien
comme (que) si Lella Marien
lui le (le lui) eût dit,   [dépendait)
et qu'en elle seule était (d'elle seule
de différer cette affaire
ou la-mettre aussitôt par (en) œuvre.
Je m'offris-à-elle de nouveau
d'être (pour être) son époux,
  et avec cela,
un autre jour que le bagne

dia que acaeció á estar solo el baño, en diversas veces con la caña y el paño nos dió dos mil escudos de oro, y un papel donde decia que el primer juma, que es el viernes, se iba al jardin de su padre, y que antes que se fuese, nos daria mas dinero; y que si aquello no bastase, que se lo avisásemos, que nos daria cuanto le pidiésemos, que su padre tenia tantos, que no lo echaria ménos, cuanto mas que ella tenia las llaves de todo. Dimos luego quinientos escudos al renegado para comprar la barca : con ochocientos me rescaté yo dando el dinero á un mercader valenciano¹ que á la sazon se hallaba en Argel, el cual me rescató del rey, tomándome sobre su palabra, dándola de que con el primer bajel que viniese de Valencia pagaria mi rescate, porque si luego diera el dinero fuera dar sospechas al rey que habia muchos dias que mi rescate estaba en Argel, y que el mercader por sus granje-

avec la canne et le mouchoir elle nous donna en plusieurs fois deux mille écus d'or et un billet où elle disait que le premier *djouma*, c'est-à-dire le premier vendredi, elle s'en allait au jardin de son père, mais qu'avant de partir elle nous donnerait encore de l'argent; si cela ne suffisait pas, nous devions l'en avertir, et elle nous en donnerait tout autant que nous lui en demanderions : son père en avait tant qu'il ne s'apercevrait pas de ce qui manquerait, et d'ailleurs c'était elle qui tenait toutes les clefs. Nous donnâmes immédiatement cinq cents écus au renégat pour acheter la barque; je me rachetai avec huit cents autres, en remettant la somme à un négociant de Valence, qui en ce moment se trouvait à Alger; il me racheta du roi et me reçut en donnant parole de payer ma rançon à l'arrivée du premier vaisseau qui viendrait de Valence, car s'il avait donné l'argent tout de suite, cela pouvait faire soupçonner au roi que le prix de mon rachat était depuis plusieurs jours

LE CAPTIF. 97

acaeció á estar solo,	arriva à être solitaire,
en diversas veces	en plusieurs fois
con la caña y el paño	avec la canne et le mouchoir
nos dió	*elle* nous donna
dos mil escudos de oro,	deux mille écus d'or,
y un papel donde decia	et un papier où *elle* disait
que el primer juma,	que le premier dgiuma,
que es el viernes,	qui est le vendredi,
se iba al jardin de su padre,	*elle* s'*en* allait au jardin de son père,
y que antes que se fuese,	et qu'avant qu'*elle* s'en allât,
nos daria mas dinero;	*elle* nous donnerait plus-d'argent;
y que si aquello no bastase,	et que si cela ne suffît (suffisait) pas,
que se lo avisásemos,	que *nous* l'en prévinssions,
que nos daria	qu'*elle* nous donnerait
cuanto que le pidiésemos,	autant que *nous* lui demandassions
que su padre	que son père [(demanderions),
tenia tantos,	avait tant-d'*écus*,
que no lo echaria ménos,	qu'*il* ne le trouverait pas moins (ne
cuanto mas	d'autant plus [s'en apercevrait pas),
que ella tenia	qu'elle avait
las llaves de todo.	les clefs de tout.
Dimos luego	*Nous* donnâmes aussitôt
quinientos escudos al renegado	cinq-cents écus au renégat
para comprar la barca :	pour acheter la barque :
con ochocientos	avec huit-cents
yo me rescaté	je me rachetai
dando el dinero	en-donnant l'argent
á un mercader valenciano	à un marchand valencien
que á la sazon	qui à l'époque
se hallaba en Argel,	se trouvait en (à) Alger,
el cual me rescató del rey,	lequel me racheta du roi,
tomándome sobre su palabra,	en-me-prenant sur sa parole,
dándola de que	en-la-donnant de ce que
con el primer bajel	avec le premier vaisseau
que veniese de Valencia	qui vînt (viendrait) de Valence
pagaria mi rescate,	*il* payerait mon rachat,
porque	parce-que
si diera el dinero	s'*il* donnât (avait donné) l'argent
luego,	tout-de-suite,
fuera	*ce* fût (ç'aurait été)
dar sospechas al rey	donner soupçons au roi
que habia muchos dias,	qu'il y avait beaucoup-de-jours
que mi rescate estaba en Argel,	que mon rachat était en (à) Alger,
y que el mercader	et que le marchand

5

rías lo habia callado. Finalmente, mi amo era tan caviloso, que en ninguna manera me atreví á que luego se desembolsase el dinero.

33. El jueves antes del viernes que la hermosa Zoraida se habia de ir al jardin, nos dió otros mil escudos y nos avisó de su partida, rogándome que, si me rescatase, supiese luego el jardin de su padre, y que en todo caso buscase ocasion de ir allá y verla. Respondíle en breves palabras que así lo haria y que tuviese cuidado de encomendarnos á Lela Márien, con todas aquellas oraciones que la cautiva le habia enseñado. Hecho esto, dieron órden en que los tres compañeros nuestros se rescatasen por facilitar la salida del baño, y porque viéndome á mí rescatado y á ellos no, pues habia dinero, no se alborotasen, y les persuadiese el diablo que

à Alger, et que le négociant, pour en tirer bénéfice, n'en avait rien dit. Enfin mon maître était si ombrageux, que je n'osai pas laisser débourser l'argent au moment même.

33. Le jeudi, veille du vendredi où la belle Zoraïde devait aller au jardin, elle nous donna encore mille écus, nous prévint de son départ, et me pria, si je me rachetais, de m'informer sans retard du jardin de son père et de chercher une occasion quelconque de m'y introduire pour la voir. Je lui répondis en peu de mots que je le ferais et qu'elle eût soin de nous recommander à Lella Marien avec toutes les prières que la captive lui avait enseignées. Cela fait, on prit des mesures pour que nos trois compagnons se rachetassent, afin de faciliter leur sortie du bagne, de crainte aussi que s'ils me voyaient racheté, moi qui avais l'argent, et ne l'étaient pas eux-mêmes, ils ne devinssent inquiets, et que le diable ne

lo había callado	l'avait tu
por sus granjerías.	pour ses profits.
Finalmente,	Finalement,
mi amo era tan caviloso,	mon maître était si ombrageux,
que en ninguna manera	qu'en aucune façon
me atreví	*je ne* me hasardai
á que se desembolsase el dinero	à *ce* qu'on déboursât l'argent
luego.	tout-de-suite.
33. El jueves	33. Le jeudi
antes del viernes	avant du (le) vendredi
que la hermosa Zoraida	que (où) la belle Zoraïde
había de irse	avait *obligation* de s'*en*-aller
al jardin,	au jardin,
nos dió mil otros escudos,	*elle* nous donna mille autres écus,
y nos avisó de su partida,	et nous avertit de son départ,
rogándome que,	en-me-priant que,
si me rescatase,	si *je* me rachetasse (rachetais),
supiese luego	*je* connusse (m'informasse) aussitôt
el jardin de su padre,	le (du) jardin de son père,
y que en todo caso	et que en tout cas
buscase ocasion de ir allá	*je* cherchasse occasion d'aller là
y verla.	et *de* la-voir.
Respondíle en breves palabras	*Je* lui-répondis en peu-de paroles
que lo haria así	que *je* le ferais ainsi
y que tuviese cuidado	et qu'*elle* eût soin
de encomendarnos	de nous-recommander
á Lela Márien	à Lella Marien
con todas aquellas oraciones	avec toutes ces oraisons
que la cautiva	que la captive
le habia enseñado.	lui avait enseignées.
Esto hecho,	Ceci fait, [mesures)
dieron órden	*ils* donnèrent ordre (on prit des
en que	en *ce* que (pour que)
los tres compañeros nuestros	les trois compagnons nôtres
se rescatasen,	se rachetassent,
por facilitar	pour faciliter
la salida del baño,	la sortie du bagne,
y porque	et pour-que
viéndome á mí rescatado	me-voyant moi racheté
y á ellos no,	et eux non,
pues habia dinero,	puisque *j*'avais *de l*'argent,
no se alborotasen,	*ils* ne s'inquiétassent pas,
y el diablo les persuadiese	et *que* le diable *ne* leur persuadât *pas*
que hiciesen alguna cosa	qu'*ils* fissent quelque chose

hiciesen alguna cosa en perjuicio de Zoraida; que puesto que el ser ellos quien eran me podia asegurar de este temor, con todo eso no quise poner el negocio en aventura, y así los hice rescatar por la misma órden que yo me rescaté, entregando todo el dinero al mercader para que con certeza y seguridad pudiese hacer la fianza, al cual nunca descubrimos nuestro trato y secreto por el peligro que habia.

34. No se pasaron quince dias cuando ya nuestro renegado tenia comprada una muy buena barca capaz de mas de treinta personas : y para asegurar su hecho y dalle color, quiso hacer, como hizo, un viaje á un lugar que se llama Sargel[1], que está veinte leguas de Argel hácia la parte de Oran, en el cual hay mucha contratacion de higos pasos. Dos ó tres veces hizo este viaje en compañía del tagarino que habia dicho. *Taga-*

leur persuadât de faire quelques démarches nuisibles à Zoraïde. Bien que leur caractère me pût rassurer sur ce point, je ne voulus pas cependant exposer notre entreprise à cette chance; je les fis donc racheter de la même manière que moi, en remettant tout l'argent au négociant pour qu'il pût donner sa garantie avec plus de sécurité; mais jamais nous ne lui découvrîmes nos relations et notre secret, il y avait à cela trop de danger.

34. Il ne s'écoula pas quinze jours sans que notre renégat eût acheté une fort bonne barque capable de tenir plus de trente personnes; pour assurer et colorer son fait, il voulut faire et il fit en effet un voyage à un endroit qui se nomme Sargel et qui se trouve à vingt lieues d'Alger, du côté d'Oran; il s'y fait un grand commerce de figues sèches. Il répéta deux ou trois fois ce voyage en compagnie du Tagarin dont il nous avait parlé. En Barbarie on

LE CAPTIF.

en perjuicio de Zoraida ;	en (au) préjudice de Zoraïde ;
que puesto que	car bien que [qualité)
el ser ellos quien eran	le être eux qui *ils* étaient (leur
me podia asegurar	me pouvait (pût) tranquilliser
de este temor,	*au sujet* de cette crainte,
con todo eso	avec tout cela
no quise poner el negocio	*je* ne voulus pas mettre l'affaire
en aventura,	en aventure (risque),
y asi los hice rescatar	et ainsi *je* les fis racheter
por la misma órden	par la même combinaison
que yo me rescaté,	que je me rachetai (m'étais racheté),
entregando todo el dinero	en-remettant tout l'argent
al mercader,	au marchand,
para que pudiese	pour qu'il pût
hacer la fianza	faire la (donner sa) garantie
con certeza y seguridad,	avec certitude et sécurité,
al cual nunca	au quel *marchand* jamais
descubrimos	*nous ne* découvrîmes
nuestro trato y secreto	notre commerce et *notre* secret
por el peligro	pour le (à cause du) danger
que habia.	qu'il y avait.
34. Quince dias	34. Quinze jours
no se pasaron	ne se passèrent pas
cuando ya nuestro renegado	quand (que) déjà notre renégat
tenia comprada	avait achetée (acheté)
una barca muy buena	une barque fort bonne
capaz	ayant-capacité
de mas de treinta personas ;	de plus de trente personnes ;
y para asegurar su hecho	et pour assurer son fait
y dalle color,	et lui-donner couleur (le colorer),
quiso hacer, como hizo,	*il* voulut faire, comme *il* fit,
un viaje á un lugar	un voyage à un endroit
que se llama Sargel,	qui se nomme Sargel,
que está veinte leguas de Argel	qui est *à* vingt lieues d'Alger
hácia la parte de Oran,	vers le côté d'Oran,
en el cual hay	dans lequel il y a
mucha contratacion	beaucoup-de commerce
de higos pasos.	de figues sèches.
Dos ó tres veces	Deux ou trois fois
hizo este viaje	*il* fit ce voyage
en compañía del tagarin	en compagnie du tagarin [parlé.
que habia dicho.	qu'il avait dit (dont il nous avait
En Berberia	En Barbarie
llaman Tagarinos	*ils* appellent (on appelle) Tagarins

rinos llaman en Berbería á los moros de Aragon, y á los de Granada *mudéjares*; y en el reino de Fez llaman á los mudéjares *elches*, los cuales son la gente de quien aquel rey mas se sirve en la guerra. Digo pues, que cada vez que pasaba con su barca, daba fondo en una caleta que estaba no dos tiros de ballesta del jardin donde Zoraida esperaba, y allí muy de propósito se ponia el renegado con los morillos que bogaban el remo, ó ya á hacer la zala, ó ya como por ensayarse de burlas á lo que pensaba hacer de veras; y así se iba al jardin de Zoraida y le pedia fruta, y su padre se la daba sin conocelle; y aunque él quisiera hablar á Zoraida, como él despues me dijo, y decille que él era el que por órden mia la habia de llevar á tierra de cristianos, que estuviese contenta y segura, nunca le fué posible, porque las moras no se dejan ver de ningun moro ni turco, sino es que su ma-

appelle les Mores d'Aragon Tagarins, et ceux de Grenade Mudejarès; dans le royaume de Fez, les Mudejarès se nomment Elchès, et c'est d'eux que le roi de ce pays se sert le plus volontiers à la guerre. Or chaque fois qu'il passait avec sa barque, il jetait l'ancre dans une petite cale qui se trouvait à moins de deux portées d'arbalète du jardin où Zoraïde attendait; là le renégat se mettait à dessein avec les petits Mores qu'il employait à la rame, tantôt à dire la *zala*, tantôt à essayer comme par jeu ce qu'il comptait faire tout de bon; ainsi il allait demander des fruits au jardin de Zoraïde, et le père lui en donnait sans le connaître. Il aurait bien voulu, comme il m'a dit depuis, parler à Zoraïde, la prévenir que c'était lui qui devait par mon ordre la conduire en pays chrétien, qu'elle se tînt contente et tranquille; mais jamais cela ne lui fut possible, parce que les Moresques ne se laissent voir d'aucun More

á los moros de Aragon,	les Mores d'Aragon,
y á los de Granada mudéjares;	et ceux de Grenade Mudejarès;
y en el reino de Fez	et dans le royaume de Fez
llaman á los mudéjares elches,	*ils* appellent les Mudejarès Elchès,
los cuales son la gente	les quels sont la race
de quien aquel rey se sirve mas	de qui ce roi se sert *le* plus
en la guerra.	en (à) la guerra.
Digo pues	*Je* dis donc
que cada vez que pasaba	que chaque fois qu'*il* passait
con su barca,	avec sa barque,
daba fondo	*il* donnait fond (jetait l'ancre)
en una caleta	dans une petite-cale
que estaba	qui était
no dos tiros de ballesta	pas *à* deux portées d'arbalète
del jardin	du jardin
donde Zoraida esperaba,	où Zoraïde attendait,
y allí muy de propósito	et là fort de (à) dessein
el renegado se ponia	le renégat se mettait
con los morillos	avec les petits-Mores
que bogaban el remo,	qui manœuvraient la rame,
ó ya á hacer la zala,	ou tantôt à faire la zala,
ó ya como por ensayarse	ou tantôt comme pour s'-essayer
de burlas	de plaisanteries (par jeu)
á lo que pensaba hacer	à ce qu'*il* pensait faire
de veras;	de vrai (pour tout de bon);
y así se iba	et ainsi *il* s'*en*-allait
al jardin de Zoraida	au jardin de Zoraïde
y le pedia fruta,	et lui demandait du fruit,
y su padre se la daba	et son père lui le (le lui) donnait
sin conocelle;	sans le-connaître;
y aunque él quisiera	et bien qu'il désirât
hablar á Zoraida,	parler à Zoraïde,
como despues él me dijo,	comme depuis il me dit,
y decille que él era	et lui-dire qu'il était [ordre]
el que por órden mia	celui qui par ordre mien (par mon
habia de la llevar	avait *obligation* de la conduire
á tierra de cristianos,	à terre (en pays) de chrétiens,
que estuviese contenta	qu'*elle* fût contente
y segura,	et tranquille,
nunca le fué posible,	jamais *cela ne* lui fut possible,
porque las moras	parce-que les Moresques
no se dejan ver	ne se laissent voir
de ningun moro ni turco,	d'aucun More ni Turc,
sino es que su marido	si *ce* n'est que leur mari

rido ó su padre se lo manden : y á mí me hubiera pesado que él la hubiera hablado, que quizá la alborotara viendo que su negocio andaba en boca de renegados; pero Dios, que lo ordenaba de otra manera, no dió lugar al buen deseo que nuestro renegado tenia, el cual viendo cuan seguramente iba y venia á Sargel y que daba fondo cuando y como y adonde queria, y que el tagarino su compañero no tenia mas voluntad de lo que la suya ordenaba, y que yo estaba ya rescatado, y que solo faltaba buscar algunos cristianos que bogasen el remo, me dijo que mirase yo cuáles queria traer conmigo fuera de los rescatados, y que los tuviese hablados para el primer viernes, donde tenia determinado que fuese nuestra partida.

35. Viendo esto, hablé á doce españoles, todos valientes hombres de remo, y de aquellos que mas libremente podian salir de la ciudad; y no fué poco hallar tantos en aquella

ni Turc, à moins que leur mari ou leur père ne le leur commande. J'aurais été fâché qu'il lui parlât, parce que peut-être elle se serait effrayée de voir son projet confié à la langue de renégats; mais Dieu, qui l'ordonnait d'autre sorte, n'offrit point d'occasion au bon désir de notre renégat. Celui-ci, voyant avec quelle sécurité il allait à Sargel et en revenait, jetait l'ancre où, quand et comme il voulait, que le Tagarin son associé n'avait pas d'autre volonté que la sienne, que déjà j'étais racheté, et qu'il ne s'agissait plus que de trouver des chrétiens pour manœuvrer la rame, me dit de choisir ceux que je voulais emmener avec moi outre les captifs rachetés, et de les prévenir pour le premier vendredi, jour où il avait fixé notre départ.

35. Là-dessus je parlai à douze Espagnols, tous vigoureux rameurs, de ceux qui pouvaient le plus librement sortir de la ville, et il ne fut pas aisé d'en trouver autant dans ce moment-là, parce

ó su padre lo se manden :	ou leur père le leur commandent :
y á mí me hubiera pesado	et moi *cela* m'eût ennuyé
que él la hubiera hablado,	qu'il lui eût parlé,
que quizá	*parce* que peut-être
la alborotara	*cela* l'inquiétât (l'aurait inquiétée)
viendo que su negocio	en-voyant que son affaire
andaba en boca	allait en bouche (était connue)
de renegados;	de renégats;
pero Dios,	mais Dieu,
que lo ordenaba	qui l'ordonnait
de otra manera,	d'autre manière,
no dió lugar	ne donna pas lieu
al buen deseo	au bon désir
que nuestro renegado tenia,	que notre renégat avait,
el cual viendo	lequel voyant
cuan seguramente	combien en-sécurité
iba y venia á Sargel	*il* allait et venait à Sargel
y que daba fondo	et qu'*il* donnait fond (jetait l'ancre)
cuando y como y donde queria,	quand et comme et où *il* voulait,
y que el tagarino	et que le Tagarin
su compañero	son compagnon
no tenia mas voluntad	n'avait pas plus *de* volonté
de lo que la suya ordenaba,	de (que) ce que la sienne ordonnait,
y que yo estaba ya rescatado,	et que j'étais déjà racheté,
y que solo faltaba	et que seulement *il* manquait
buscar algunos cristianos	*de* chercher quelques chrétiens
que bogasen el remo,	qui manœuvrassent la rame,
me dijo que mirase yo	*il* me dit que *je* regardasse moi
cuáles	lesquels
queria traer conmigo	*je* voulais emmener avec-moi
fuera de los rescatados,	en-dehors des rachetés,
y que los tuviese hablados	et que *je* les eusse prévenus
para el primer viernes,	pour le premier vendredi,
donde tenia determinado	où *il* avait décidé
que fuese nuestra partida.	que fût notre départ.
35. Viendo esto,	35. Voyant cela,
hablé á doce españoles,	*je* parlai à douze Espagnols,
todos	tous
valientes hombres de remo,	vigoureux hommes de rame,
y de aquellos	et de ceux,
que podian mas libremente	qui pouvaient *le* plus librement
salir de la ciudad;	sortir de la ville;
y no fué poco	et *ce* ne fut pas peu (facile)
hallar tantos	*d'en* trouver tant

coyuntura, porque estaban veinte bajeles en corso, y se habian llevado toda la gente de remo, y estos no se hallaran si no fuera que su amo se quedó aquel verano sin ir en corso á acabar una galeota que tenia en astillero : á los cuales no les dijo otra cosa sino que el primer viernes en la tarde se saliesen uno á uno disimuladamente, y se fuesen la vuelta del jardin de Agimorato, y que allí me aguardasen hasta que yo fuese. A cada uno dí este aviso de por sí, con órden que aunque allí viesen otros cristianos, no les dijesen sino que yo les habia mandado esperar en aquel lugar.

36. Hecha esta diligencia, me faltaba hacer otra, que era la que mas me convenia, y era la de avisar á Zoraida en el punto que estaban los negocios, para que estuviese apercibida y sobre aviso, que no se sobresaltase si de improviso la

qu'il y avait vingt vaisseaux en course et qu'on avait emmené tous les rameurs; je n'aurais pas même trouvé ceux-ci, si leur maître n'avait renoncé pour toute la saison à se mettre en course, afin de terminer une galiote qu'il avait en chantier. Je ne leur dis pas autre chose, sinon que le prochain vendredi, sur le soir, ils sortissent secrètement un à un, se dirigeassent vers le jardin d'Agimorato, et une fois là attendissent ma venue. Je donnai cet avis à chacun en particulier, leur recommandant, s'ils voyaient d'autres chrétiens, de leur dire simplement que je leur avais ordonné de m'attendre là.

36. Ces mesures prises, il m'en restait une autre à prendre, celle qui me convenait le mieux de toutes; il fallait prévenir Zoraïde du point où en étaient les choses, afin qu'elle fût prête et en éveil, et qu'elle ne s'effrayât pas si nous l'enlevions tout à coup avant le

en aquella coyuntura,	dans cette conjoncture,
porque veinte bajeles	parce-que vingt bâtiments
estaban en corso,	étaient en course,
y se habian llevado	et avaient emmené
toda la gente de remo,	tous les gens de rame,
y estos	et ceux-ci [pas trouvés]
no se hallaran	ne se trouvassent pas (ne se seraient
si no fuera	si *ce* ne fût (si ce n'était)
que su amo	que leur maître
se quedó aquel verano	se tint (resta) cette saison
sin ir en corso	sans aller en course
á acabar una galeota	à achever une galiote
que tenia en astillero :	qu'*il* avait en chantier :
á los cuales	aux quels
no les dijo otra cosa	*je* ne leur dis pas autre chose
sino que el primer viernes	sinon que le premier vendredi
en la tarde	dans (sur) le soir
se saliesen uno á uno	*ils* sortissent un à un
disimuladamente,	en-cachette,
y se fuesen	et s'*en* allassent
la vuelta del jardin	le tour (du côté) du jardin
de Agimorato,	d'Agimorato,
y que allí me aguardasen	et que là *ils* m'attendissent
hasta que yo fuese.	jusqu'à *ce* que j'*y* vinsse.
Dí este aviso	*Je* donnai cet avis
á cada uno de por sí,	à chacun de par soi (en particulier),
con órden	avec ordre
que aunque viesen allí	que quoiqu'*ils* vissent là
otros cristianos,	d'autres chrétiens,
no les dijesen	*ils* ne leur dissent *rien*
sino que yo les habia mandado	sinon que je leur avais commandé
esperar en aquel lugar.	d'attendre en ce lieu.
36. Esta diligencia hecha,	36. Cette démarche faite,
me faltaba hacer otra,	*il* me manquait d'*en* faire *une* autre,
que era la	qui était celle
que me convenia mas,	qui me convenait *le* plus,
y era la de avisar á Zoraida	et *c*'était celle d'avertir Zoraïde
en el punto	au point
que estaban los negocios,	que (où) étaient les affaires,
para que estuviese apercibida	pour qu'*elle* fût préparée
y sobre aviso,	et sur (en) éveil,
que no se sobresaltase	qu'*elle* ne s'alarmât pas
si de improviso	si d'imprévu (à l'improviste)
la asaltásemos	*nous* l'attaquassions (l'enlevions)

asaltásemos antes del tiempo que ella podia imaginar que la barca de cristianos podia volver, y así determiné de ir al jardin y ver si podria hablarla; y con ocasion de coger algunas yerbas un dia antes de mi partida fuí allá, y la primera persona con quien encontré fué con su padre, el cual me dijo en lengua que en toda la Berbería y aun en Constantinopla se habla entre cautivos y moros, que ni es morisca ni castellana, ni de otra nacion alguna, sino una mezcla de todas las lenguas[1], con la cual todos nos entendemos; digo pues que en esta manera de lenguaje me preguntó que[2] qué buscaba en aquel su jardin, y de quién era. Respondile que era esclavo de Arnaute Mamí (y esto porque sabia yo por muy cierto que era un grandísimo amigo suyo), y que buscaba de todas yerbas para hacer ensalada. Preguntóme por el consiguiente

moment où elle pouvait penser que la barque des chrétiens serait de retour. Je résolus donc d'aller au jardin et de voir si je pourrais lui parler; je m'y rendis la veille de mon départ, sous prétexte de cueillir des herbes, et la première personne que je rencontrai fut son père; il me demanda dans cette langue qui se parle dans toute la Barbarie et même à Constantinople entre captifs et Mores, qui n'est ni l'arabe, ni l'espagnol, ni aucun autre idiome, mais un mélange de toutes les langues, au moyen duquel nous nous entendons tous; il me demanda, dis-je, dans cette sorte de langage, ce que je cherchais dans son jardin et à qui j'étais. Je lui répondis que j'étais esclave de l'Arnaute Mami (je savais à n'en pas douter que c'était un de ses plus grands amis), et que je cherchais toutes sortes d'herbes pour faire une salade. Il voulut savoir ensuite si j'étais ou

antes del tiempo	auparavant du (avant le) temps
que ella podia imaginar	que (où) elle pouvait imaginer
que la barca de cristianos	que la barque de chrétiens
podia volver:	pouvait revenir;
y así determiné	et ainsi *je* résolus
de ir al jardin	d'aller au jardin
y ver	et *de* voir
si podria hablarla;	si *je* pourrais lui-parler;
y con ocasion	et avec occasion (sous prétexte)
de coger algunas yerbas	de cueillir quelques herbes
un dia antes	un jour en-avant (la veille)
de mi partida	de mon départ
fuí allá,	*j*'allai là,
y la primera persona	et la première personne
con quien encontré	avec qui *je* me-rencontrai
fué con su padre,	fut avec son père (fut son père);
el cual me dijo	le quel me dit
en lengua que se habla	en langue qui se parle
entre cautivos y moros	entre captifs et Mores
en toda la Berberia	dans toute la Barbarie
y aun en Constantinopla,	et même dans (à) Constantinople,
que ni es morisca	qui ni *n*'est more (arabe)
ni castellana,	ni castillane,
ni de otra nacion alguna,	ni d'autre nation quelconque,
sino una mezcla	mais un mélange
de todas las lenguas,	de toutes les langues,
con la cual	avec le quel
todos nos entendemos;	tous *nous* nous entendons;
digo pues	*je* dis donc
que en esta manera	que en cette sorte
de lenguaje	de langage
me preguntó que	*il* m'interrogea que (sur ceci)
qué buscaba	quoi *je* cherchais
en aquel su jardin,	en ce sien jardin,
y de quién era.	et de qui (à qui) *j*'étais.
Respondíle que era esclavo	*Je* lui-répondis que *j*'étais esclave
de Arnaute Mamí	de *l*'Arnaute Mamí
— y esto porque yo sabia	— et cela parce-que je savais
por muy cierto	pour fort certain
que era	que *c*'était
un grandísimo amigo suyo, —	un très-grand ami sien, —
y que buscaba	et que *je* cherchais
de todas yerbas	de toutes *sortes* d'herbes
para hacer ensalada.	pour faire *une* salade.

si era hombre de rescate ó no, y que cuánto pedia mi amo por mí.

37. Estando en estas preguntas y respuestas, salió de la casa del jardin la bella Zoraida, la cual ya habia mucho que me habia visto, y como las moras en ninguna manera hacen melindre de mostrarse á los cristianos, ni tampoco se esquivan, como ya he dicho, no se le dió nada de venir adonde su padre conmigo estaba, antes luego cuando su padre vió que venia y de espacio, la llamó y mandó que llegase. Demasiada cosa seria decir yo ahora la mucha hermosura, la gentileza, el gallardo y rico adorno con que mi querida Zoraida se mostró á mis ojos : solo diré que mas perlas pendian de su hermosísimo cuello, orejas y cabellos, que cabellos tenia en la cabeza. En las gargantas de los piés, que descubiertas á su

non homme de rachat, et combien mon maître voulait avoir de moi.

37. Tandis que nous échangions ces demandes et ces réponses, la belle Zoraïde sortit de la maison du jardin; il y avait longtemps qu'elle ne m'avait vu, et comme les Moresques ne font aucune façon pour se montrer aux chrétiens, et, ainsi que je l'ai dit, ne les évitent point, elle n'hésita pas à venir du côté où son père était avec moi, et même, quand son père vit qu'elle s'avançait à petits pas, il l'appela et lui ordonna d'approcher. Il serait impossible de vous dire à présent avec quelle beauté, quelle grâce, quels riches et brillants atours ma chère Zoraïde se montra à mes yeux. Je dirai seulement qu'il y avait plus de perles pendues à son cou charmant, à ses oreilles, à sa coiffure, qu'elle n'avait de cheveux sur la tête. Aux cous-de-pieds qu'elle avait découverts, à la mode de

LE CAPTIF. 111

Preguntóme	Il me-demanda
por el consiguiente	pour le suivant (ensuite)
si era hombre de rescate ó no,	si j'étais homme de rachat ou non,
y que cuánto mi amo	et que combien (et combien) mon
pedia por mí.	demandait pour moi. [maître
37. Estando	37. En étant (comme nous étions)
en estas preguntas	en ces questions
y respuestas,	et réponses,
la bella Zoraida salió	la belle Zoraïde sortit
de la casa del jardin,	de la maison du jardin,
la cual	la quelle
habia ya mucho	il y avait déjà beaucoup (longtemps)
que me habia visto,	qu'*elle* m'avait vu,
y como las moras	et comme les Moresques
en ninguna manera	en aucune façon
hacen melindre	*ne* font mignardise
de mostrarse á los cristianos,	de se-montrer aux chrétiens,
ni tampoco se esquivan,	ni non-plus se retirent,
como ya he dicho,	comme déjà *j*'ai dit, [rien)
nada no se dió le	rien ne se donna à elle (cela ne lui fit
de venir adonde su padre	de venir *là* où son père
estaba conmigo,	était avec-moi,
antes luego cuando	au-contraire aussitôt quand (que)
su padre vió que venia	son père vit qu'*elle* venait
y de espacio,	et de lenteur (lentement),
la llamó	*il* l'appela
y mandó que llegase.	et *lui* ordonna qu'*elle* approchât.
Seria cosa demasiada	*Ce* serait chose superflue
yo decir ahora	moi dire (que je disse) à-présent
la mucha hermosura,	la grande beauté,
la gentileza,	la grâce,
el gallardo y rico adorno	le beau et riche costume
con que mi querida Zoraida	avec lesquels ma chère Zoraïde
se mostró á mis ojos :	se montra à mes yeux :
diré solo	*je* dirai seulement
que mas perlas pendian	que plus-de perles pendaient
de su hermosísimo cuello,	de (à) son très-beau cou,
orejas y cabellos,	*à ses* oreilles et *à ses* cheveux,
que tenia cabellos	qu'*elle* n'avait *de* cheveux
en la cabeza.	dans (sur) la tête.
En las gargantas de los piés,	Dans les (aux) cous des pieds,
que traia descubiertas	qu'*elle* portait découverts
á su usanza,	à sa mode,
traia dos carcajes	*elle* portait deux carcadj

usanza traia, traia dos carcajes (que así se llaman las manillas ó ajorcas de los piés en morisco) de purísimo oro, con tantos diamantes engastados, que ella me dijo despues que su padre los estimaba en diez mil doblas, y las que traia en las muñecas de las manos valian otro tanto. Las perlas eran en gran cantidad y muy buenas, porque la mayor gala y bizarria de las moras es adornarse de ricas perlas y aljófar; y así hay mas perlas y aljófar entre moros que entre todas las demas naciones, y el padre de Zoraida tenia fama de tener muchas, y de las mejores que en Argel habia, y de tener asimismo mas de doscientos mil escudos españoles, de todo lo cual era señora esta que ahora lo es mia. Si con todo este adorno podia venir entónces hermosa ó no, por las reliquias que le han quedado en tantos trabajos se podrá conjeturar cuál

son pays, elle portait deux *carcadj* (c'est ainsi qu'on appelle en arabe les anneaux ou bracelets des pieds) de l'or le plus pur, avec tant de diamants enchâssés, qu'elle m'a dit depuis que son père les estimait dix mille doublons, et ceux qu'elle portait aux poignets valaient tout autant. Les perles étaient fort nombreuses et tout à fait fines, parce que la plus grande coquetterie des Moresques est de se parer de riches perles en grains ou en semence; aussi y en a-t-il plus chez les Mores que chez toutes les autres nations. Le père de Zoraïde passait pour en avoir une grande quantité des plus belles que l'on pût trouver à Alger, et de posséder en outre plus de deux cent mille écus espagnols : or elle était maîtresse de tout cela, celle qui l'est aujourd'hui de moi. Si avec tous ces ornements elle pouvait être ou non belle alors, on pourra juger par les restes de beauté que lui ont laissés tant de fatigues quelle elle devait être

(que así se llaman	(car ainsi s'appellent
en morisco	en moresque
las manillas ó jorcas	les bracelets ou anneaux
de los piés)	des pieds)
de oro purísimo,	d'or très-pur,
con tantos diamantes	avec tant-de diamants
engastados,	enchâssés,
que ella me dijo despues	qu'elle me dit depuis
que su padre los estimaba	que son père les estimait
en diez mil doblas,	en (à) dix mille doublons,
y las que traia	et ceux qu'*elle* portait
en las muñecas de las manos	dans les (aux) poignets des mains
valian otro tanto.	valaient *un* autre autant (tout au-
Las perlas	Les perles [tant).
eran en gran cantidad	étaient en grande quantité
y muy buenas,	et fort bonnes,
porque la mayor gala	parce-que la plus-grande parure
y bizarría de las moras	et bravoure des Moresques
es adornarse de ricas perlas	est *de* s'-orner de riches perles
y aljófar;	et semence *de perles;*
y así hay mas perlas	et ainsi il y a plus *de* perles
y aljófar	et *de* semence *de perles*
entre moros	parmi les Mores
que entre	que parmi
todas las demas naciones,	toutes les autres nations,
y el padre de Zoraida	et le père de Zoraïde
tenia fama	avait renommée
de tener muchas,	d'*en* avoir beaucoup,
y de las mejores	et des meilleures
que habia en Argel,	qu'il y avait en (à) Alger,
y de tener asimismo	et d'avoir aussi
mas de doscientos mil	plus de deux-cent mille
escudos españoles,	écus espagnols,
de todo lo cual	de tout le quel (de tout quoi)
era señora	était maîtresse
esta que ahora lo es mia.	celle-ci qui maintenant l'est-de-moi.
Si con todo este adorno	Si avec tout cet ornement
podia venir entónces	*elle* pouvait venir alors
hermosa ó no,	belle ou non,
se podrá conjeturar	on pourra conjecturer
por las reliquias	par les restes [rés)
que le han quedado	qui lui ont demeuré (lui sont demeu-
en tantos trabajos	dans tant-de fatigues
cuál debia de ser	quelle *elle* devait d'être (devait être)

debia de ser en las prosperidades, porque ya se sabe que la hermosura de algunas mujeres tiene dias y sazones, y requiere accidentes para disminuirse ó acrecentarse; y es natural cosa que las pasiones del ánimo la levanten ó bajen, puesto que las mas veces la destruyen. Digo en fin que entónces llegó en todo extremo aderezada, y en todo extremo hermosa, ó á lo menos á mí me pareció serlo la mas que hasta entónces habia visto; y con esto viendo las obligaciones en que me habia puesto, me parecia que tenia delante de mí una deidad del cielo, venida á la tierra para mi gusto y para mi remedio.

38. Así como ella llegó, le dijo su padre en su lengua como yo era cautivo de su amigo arnaute Mami[1], y que venia á buscar ensalada. Ella tomó la mano, y en aquella mezcla de lenguas que tengo dicho me preguntó si era caballero, y

---

au temps de sa prospérité, car on sait que les attraits de certaines femmes ont leurs jours et leurs saisons, diminuent ou augmentent selon les événements; il est bien naturel que les passions de l'âme les rehaussent ou les abaissent, bien que le plus souvent ils les détruisent. Je dis donc qu'en ce moment elle vint à nous, extrêmement parée, extrêmement belle, ou du moins elle me parut l'être plus que toutes celles que j'avais vues jusqu'alors, et en songeant outre cela aux bienfaits dont elle m'avait comblé, il me semblait avoir devant moi une divinité du ciel, descendue sur la terre pour mon bonheur et ma consolation.

38. Quand elle fut près de nous, son père lui dit dans sa langue que j'étais un captif de son ami l'Arnaute Mami, et que je venais chercher de la salade. Elle s'empara de la conversation; et dans ce mélange d'idiomes dont j'ai parlé, me demanda si j'étais gentil-

en las prosperidades,	dans les prospérités,
porque ya se sabe	parce-que déjà on sait
que la hermosura	que la beauté
de algunas mujeres	de quelques femmes
tiene dias y sazones,	a *ses* jours et *ses* saisons,
y requiere accidentes	et veut *des* accidents
para disminuirse	pour se-diminuer
ó acrecentarse;	ou s'-accroître;
y es cosa natural	et c'est chose naturelle
que las pasiones del ánimo	que les passions de l'âme
la levanten ó bajen,	l'élèvent ou *l*'abaissent,
puesto que las mas veces	bien que le plus-de fois
la destruyen.	*elles* la détruisent.
Digo en fin que entónces	*Je* dis enfin que alors
llegó aderezada	*elle* arriva parée
en todo extremo,	en tout extrême (au dernier point),
y hermosa	et belle
en todo extremo,	en tout extrême (au dernier point),
ó á lo menos	ou au moins
me pareció á mí serlo	*elle* me parut à moi l'-être
la mas que habia visto	la (le) plus que *j*'avais vu
hasta entónces;	jusques alors;
y con esto	et avec cela
viendo las obligaciones	en-voyant les obligations
en que me habia puesto,	dans lesquelles *elle* m'avait mis,
me parecia	*il* me paraissait [moi]
que habia delante de mi	que *j*'avais au-devant de (devant
una deidad del cielo,	une déité du ciel,
venida á la tierra	venue à la terre (sur terre)
para mi gusto	pour mon bonheur
y para mi remedio.	et pour mon refuge.
38. Asi como	38. Ainsi comme (dès que)
ella llegó,	elle arriva,
su padre,	son père
le dijo en su lengua	lui dit en sa langue
como yo era cautivo	comment *j*'étais captif
de su amigo arnaute Mamí,	de son ami *l*'Arnaute Mamí,
y que venia	et que *je* venais
á buscar ensalada.	à (pour) chercher *de la* salade.
Ella tomó la mano,	Elle prit la main (s'empara de la con-
y en aquella mezcla	et dans ce mélange [versation),
de lenguas	de langues
que tengo dicho	que *j*'ai dit
me preguntó si era caballero,	me demanda si *j*'étais gentilhomme,

qué era la causa que no me rescataba. Yo le respondí que ya estaba rescatado, y que en el precio podia echar de ver en lo que mi amo me estimaba, pues habia dado por mí mil y quinientos zoltanis¹ : á lo cual ella respondió : « En verdad que si tú fueras de mi padre, que yo hiciera que no te diera él por otros dos tantos, porque vosotros cristianos siempre mentís en cuanto decís, y os haceis pobres por engañar á los moros. — Bien podria ser eso, señora, le respondí; mas en verdad que yo la he tratado con mi amo, y la trato y la trataré con cuantas personas hay en el mundo. — ¿Y cuándo te vas? dijo Zoraida. — Mañana creo yo, dije, porque está aquí un bajel de Francia, que se hace mañana á la vela, y pienso irme con él. — ¿No es mejor, replicó Zoraida, esperar á que

homme et pourquoi je ne me rachetais pas. Je lui répondis que j'étais déjà racheté, et que le prix pourrait lui donner une idée de l'estime qu'avait pour moi mon maître, car je lui avais payé quinze cents *zoltanis*. « En vérité, répondit-elle, si tu avais été à mon père, j'aurais si bien fait qu'il ne t'aurait pas donné pour le double; vous autres chrétiens, vous mentez dans tout ce que vous dites, et vous vous faites pauvres pour tromper les Mores. — Cela se peut bien, madame, lui répondis-je ; mais moi, j'ai dit la vérité à mon maître, comme je la dis et la dirai à tout le monde. — Et quand t'en vas-tu? demanda Zoraïde. — Demain, sans doute, répondis-je, parce qu'il y a ici un vaisseau de France qui met demain à la voile, et je pense partir avec lui. — Ne vaudrait-il pas mieux, répliqua Zoraïde, attendre l'arrivée de vaisseaux espagnols et partir

y qué era la causa	et quelle était la cause
que	que (pour laquelle)
no me rescataba.	je ne me rachetais pas.
Yo le respondí	Je lui répondis
que ya estaba rescatado,	que déjà j'étais racheté,
y que en el precio	et que dans (par) le prix
podia	elle pouvait
echar de ver	jeter de voir (se faire idée)
en lo que mi amo	en ce que (combien) mon maître
me estimaba,	m'estimait,
pues habia dado por mí	puisque j'avais donné pour moi
mil y quinientos zoltanis;	mille et cinq-cents zoltanis;
á lo cual ella respondió :	à laquelle *chose* elle répondit :
« En verdad	« En vérité
que si tú fueras	que si tu fusses (avais été)
de mi padre,	de (à) mon père,
que yo hiciera	que je fisse (j'aurais fait)
que él no te diera	qu'il ne te donnât pas [*tanis*,
por dos otros tantos,	pour deux autres *fois* autant-de *zol*-
porque vosotros cristianos	parce-que vous chrétiens
siempre mentís	toujours mentez
en cuanto decis,	en tout-ce-que *vous* dites,
y os haceis pobres	et vous faites pauvres
por engañar á los moros.	pour tromper les Mores.
— Eso podria bien ser,	— Cela pourrait bien être,
señora, le respondí;	madame, lui répondis-*je*;
mas en verdad	mais en vérité
que yo la he tratado	que je l'ai traitée (j'ai dit la vérité)
con mi amo,	avec (à) mon maître
y la trato	et la traite (dis)
y la trataré	et la traiterai (dirai)
con cuantas personas	avec (à) toutes *les* personnes
hay en el mundo.	qu'il y a dans le monde.
— ¿ Y cuándo te vas?	— Et quand *t'en* vas-*tu* ?
dijo Zoraida.	dit Zoraïde.
— Mañana yo creo, dije,	— Demain je crois, dis-je,
porque está aquí	parce-que est (il y a) ici
un bajel de Francia,	un vaisseau de France,
que se hace mañana á la vela,	qui se fait (met) demain à la voile,
y pienso irme con él.	et *je* pense m'*en*-aller avec lui.
— ¿ No es mejor,	— N'est-*il* pas meilleur,
replicó Zoraida,	répliqua Zoraïde,
esperar á que vengan	d'attendre *jusqu*'à *ce* que viennent
bajeles de España	*des* vaisseaux d'Espagne

vengan bajeles de España y irte con ellos, que no con los de Francia, que no son vuestros amigos? — No, respondí yo, aunque si como hay nuevas que viene ya un bajel de España, es verdad, todavía yo le aguardaré, puesto que es mas cierto el partirme mañana, porque el deseo que tengo de verme en mi tierra y con las personas que bien quiero, es tanto que no me dejará esperar otra comodidad si se tarda, por mejor que sea. — ¿Debes de ser sin duda casado en tu tierra, dijo Zoraida, y por eso deseas ir á verte con tu mujer? — No soy, respondí yo, casado; mas tengo dada la palabra de casarme en llegando allá. — ¿Y es hermosa la dama á quien se la diste? dijo Zoraida. — Tan hermosa es, respondí yo, que para encarecella y decirte la verdad, se parece á tí mucho. » Desto se rió muy de veras su padre, y dijo : « Gualá[1], cris-

avec eux plutôt qu'avec des vaisseaux de France, qui ne sont pas vos amis? — Non, répondis-je; cependant, comme on m'annonce qu'un vaisseau d'Espagne est sur le point d'arriver, si la nouvelle est vraie, je l'attendrai, bien que le désir que j'ai de me voir dans mon pays et avec les personnes qui me sont chères soit si vif qu'il ne me permettra pas d'attendre une occasion plus tardive, fût-elle bien meilleure. — Tu es sans doute marié dans ton pays, et c'est pour cela que tu souhaites d'y rentrer et de revoir ta femme? — Je ne suis pas marié, répondis-je, mais j'ai donné parole de me marier en arrivant. — Et la dame à qui tu t'es engagé est-elle belle? — Si belle, répondis-je, que, pour la louer dignement et pour te dire la vérité, elle te ressemble beaucoup. » Là-dessus son père se mit à rire de tout cœur, et dit : « Par Allah, chrétien, elle

y irte con ellos, et *de* t'*en*-aller avec eux,
que no con los de Francia, que-non-pas avec ceux de France,
que no son vuestros amigos? qui ne sont pas vos amis ?
— No, respondí yo, — Non, répondis-je,
aunque si, quoique si,
como hay nuevas comme il y a nouvelles
que viene ya que vienne tout-de-suite
un bajel de España, un vaisseau d'Espagne,
es verdad, c'est la vérité,
todavía yo le aguardaré, toutefois je l'attendrai,
puesto que el partirme mañana bien que le m'*en*-aller demain
es mas cierto, est (soit) plus sûr,
porque el deseo que tengo parce-que le désir que *j*'ai
de verme en mi tierra de me-voir dans mon pays
y con las personas et avec les personnes
que quiero bien, que j'aime bien
es tanto est si-grand
que no me dejará qu'*il* ne me laissera pas
esperar otra comodidad attendre *une* autre occasion
si se tarda, si *elle* se retarde (si elle tarde),
por mejor que sea. pour meilleure qu'*elle* soit.
— ¿ Debes de ser — Tu dois d'être (tu dois être)
sin duda sans doute
casado en tu tierra, marié dans ton pays,
dijo Zoraida, dit Zoraïde,
y por eso deseas et pour cela *tu* désires
ir á verte con tu mujer? aller à (pour) te-voir avec ta femme?
— No soy casado, — *Je* ne suis pas marié,
respondí yo; répondis-je ;
mas tengo la palabra dada mais *j*'ai la parole donnée
de casarme en llegando allá. de me-marier en arrivant là.
— ¿ Y la dama — Et la dame
á quien se la diste à qui *tu* la donnas (l'as donnée)
es hermosa? est-*elle* belle ?
— Es tan hermosa, — *Elle* est si belle,
respondí yo, répondis-je,
que para encarecella que pour la-louer-dignement
y decirte la verdad, et te-dire la vérité,
se parece *elle* se ressemble (elle ressemble)
á ti mucho. » à toi beaucoup. »
Su padre se rió desto Son père se rit (rit) de-ceci
muy de veras, fort de vérité (de très-bon cœur),
y dijo : « Gualá, cristiano, et dit : « Par-Allah, chrétien,
que debe ser muy hermosa que *elle* doit être fort belle

tiano, que debe ser muy hermosa si se parece á mi hija, que es la mas hermosa de todo este reino : si no mírala bien, y verás como te digo verdad. » Servíanos de intérprete á las mas destas palabras y razones el padre de Zoraida como mas ladino, que aunque ella hablaba la bastarda lengua, que como he dicho allí se usa, mas declaraba su intencion por señas que por palabras.

39. Estando en estas y otras muchas razones, llegó un moro corriendo, y dijo á grandes voces que por las bardas ó paredes del jardin habian saltado cuatro turcos y andaban cogiendo la fruta, aunque no estaba madura. Sobresaltóse el viejo y lo mismo hizo Zoraida, porque es comun y casi natural el miedo que los moros á los turcos tienen, especialmente á los soldados, los cuales son tan insolentes, y tienen tanto imperio sobre los moros que á ellos estan sujetos, que los

doit être bien belle si elle ressemble à ma fille, qui est la plus belle de tout ce royaume; si tu en doutes, regarde-la bien, et tu verras que je dis vrai. » C'était le père de Zoraïde qui nous servait d'interprète à presque tout ce que nous disions, parce qu'il comprenait mieux la langue bâtarde dont on se sert dans le pays; bien qu'elle la parlât aussi, elle exprimait sa pensée par signes plutôt que par paroles.

39. Parmi ces propos et beaucoup d'autres, un More arriva en courant et annonça avec de grands cris que quatre Turcs avaient sauté par-dessus les palissades du jardin et s'étaient mis à cueillir des fruits, bien qu'ils ne fussent pas encore mûrs. Le vieillard tressaillit et Zoraïde aussi, parce que les Mores éprouvent tous une sorte de crainte naturelle pour les Turcs, principalement pour les soldats; ils sont si insolents et si impérieux à l'égard des Mores leurs sujets, qu'ils les traitent plus durement que si c'étaient leurs

si se parece	si *elle* se ressemble (elle ressemble)
á mi hija,	à ma fille,
que es la mas hermosa	qui est la plus belle
de todo este reino :	de tout ce royaume :
si no	si non (si tu en doutes)
mirala bien,	regarde-la bien,
y verás	et *tu* verras
como te digo verdad. »	comme *je* te dis vérité. »
El padre de Zoraida	Le père de Zoraïde
servianos de intérprete	nous-servait d'interprète
á las mas destas palabras	à la plupart de-ces paroles
y razones	et raisons
como mas ladino,	comme plus habile,
que aunque ella hablaba	car quoiqu'elle parlait (parlât)
la lengua bastarda,	la langue bâtarde,
que como he dicho	qui comme j'ai dit
se usa allí,	s'emploie là,
declaraba su intencion	*elle* exprimait sa pensée
por señas	par signes
mas que por palabras.	plus que par paroles.
39. Estando	39. En-étant (comme nous étions)
en estas razones	dans ces raisons
y muchas otras,	et dans beaucoup-d'autres,
un moro llegó corriendo,	un More arriva en-courant,
y dijo á grandes voces	et dit à grands cris
que cuatro turcos	que quatre Turcs
habian saltado	avaient sauté
por las bardas ó paredes	par les murs ou palissades
del jardin,	du jardin,
y andaban cogiendo la fruta,	et allaient en-cueillant le fruit,
aunque no estaba madura.	quoiqu'*il* n'était (ne fût) pas mûr.
El viejo sobresaltóse	Le vieillard se-tressaillit (tressaillit)
y Zoraida hizo lo mismo,	et Zoraïde fit la même *chose*,
porque el miedo que los moros	parce-que la crainte que les Mores
tienen á los turcos	ont aux (pour les) Turcs
es comun y casi natural,	est générale et presque naturelle,
especialmente	particulièrement
á los soldados,	aux (pour les) soldats,
los cuales son tan insolentes,	les quels sont si insolents,
y tienen tanto imperio	et ont si-grand empire
sobre los moros	sur les Mores
que están sujetos á ellos,	qui sont sujets à eux,
que los tratan peor	qu'*ils* les traitent plus-mal
que si fuesen	que s'*ils* fussent (étaient)

6

tratan peor que si fuesen esclavos suyos. Digo pues, que dijo su padre á Zoraida : « Hija, retírate á la casa, y enciérrate en tanto que yo voy á hablar á estos canes; y tú, cristiano, busca tus yerbas, y véte en buen hora, y llévete Alá con bien á tu tierra. » Yo me incliné, y él se fué á buscar los turcos, dejándome solo con Zoraida, que comenzó á dar muestras de irse donde su padre le habia mandado; pero apenas él se encubrió con los árboles del jardin, cuando ella volviéndose á mí, llenos los ojos de lágrimas, me dijo : « ¿*Tameji*, cristiano, *tameji?* » que quiere decir : « ¿Vaste, cristiano, vaste? » Yo la respondí : « Señora, sí, pero no en ninguna manera sin tí : el primer juma me aguarda, y no te sobresaltes cuando nos veas, que sin duda alguna iremos á tierra de cristianos. »

40. Yo le dije esto de manera que ella me entendió muy

esclaves. Agimorato dit à Zoraïde : « Ma fille, rentre à la maison et enferme-toi pendant que je vais parler à ces chiens; toi, chrétien, cherche tes herbes, et va-t'en avec bonne fortune; qu'Allah te conduise heureusement dans ton pays. » Je m'inclinai, et il se mit à la recherche des Turcs, me laissant seul avec Zoraïde, qui fit semblant d'abord de se rendre où son père lui avait ordonné; mais à peine eut-il disparu derrière les arbres du jardin, que, revenant vers moi les yeux pleins de larmes, elle me dit : « *Tameji*, chrétien, *tameji?* » ce qui signifie : « Tu t'en vas, chrétien, tu t'en vas? — Oui, madame, répondis-je, mais en aucun cas sans toi; attends-moi le premier *djiuma*, et ne t'effraye pas quand tu nous verras, car nous irons sûrement en pays chrétien. »

40. Je lui dis ces mots et d'autres encore, de façon à me faire

esclavos suyos.	*des* esclaves à-eux.
Digo pues	*Je* dis donc
que su padre dijo á Zoraida :	que son père dit à Zoraïde :
« Hija, retírate á la casa,	« Fille, retire-toi à la maison,
y enciérrate	et enferme-toi
en tanto que yo voy	en tant que (pendant que) je vais
á hablar á estos canes;	à (pour) parler à ces chiens;
y tú, cristiano,	et toi, chrétien,
busca tus yerbas,	cherche tes herbes,
y véte	et va-t'*en*
en buen hora,	en bonne heure (heureusement),
y Alá llévete	et *qu'*Allah te-conduise
con bien	avec bien (succès)
á tu tierra. »	à ton pays. »
Yo me incliné,	Je m'inclinai,
y él se fué	et il s'*en* alla
á buscar los turcos,	à (pour) chercher les Turcs,
dejándome solo con Zoraida,	me-laissant seul avec Zoraïde,
que comenzó	qui commença
á dar muestras	à donner *des* marques
de irse donde su padre	de s'*en*-aller où son père
le habia mandado;	lui avait commandé;
pero apenas él se encubrió	mais à-peine il se cacha (eut disparu
con los árboles del jardin,	avec (dans) les arbres du jardin,
cuando ella	quand elle
volviéndose á mí,	s'*en*-revenant à moi,
los ojos llenos de lágrimas,	les yeux pleins de larmes,
me dijo :	me dit :
«¿ Tamejí, cristiano, tamejí? »	« Taméji, chrétien, taméji ? »
que quiere decir :	*ce* qui veut dire :
«¿ Vaste, cristiano, vaste? »	« *Tu t'en*-vas, chrétien, *tu t'en*-vas?»
Yo la respondí :	Je lui répondis :
« Señora, sí,	« Madame, oui,
pero no en ninguna manera	mais non en aucune sorte
sin ti :	sans toi :
aguárdame el primer juma,	attends-moi le premier djiuma,
y no te sobresaltes	et ne t'effraye pas
cuando nos veas,	quand *tu* nous voies (verras),
que sin duda	car sans *aucun* doute
iremos á tierra de cristianos. »	*nous* irons à terre de chrétiens. »
40. Yo le dije esto	40. Je lui dis cela
de manera	de manière
que ella me entendió muy bien	qu'elle me comprit fort bien
á todas las razones	à tous les propos

bien á todas las razones que entrambos pasamos, y echándome un brazo al cuello, con desmayados pasos comenzó á caminar hácia la casa; y quiso la suerte, que pudiera ser muy mala si el cielo no la ordenara de otra manera, que yendo los dos de la manera y postura que os he contado con un brazo al cuello, su padre, que ya volvia de hacer ir á los turcos, nos vió de la suerte y manera que íbamos, y nosotros vimos que él nos habia visto; pero Zoraida, advertida y discreta, no quiso quitar el brazo de mi cuello; antes se llegó mas á mí, y puso su cabeza sobre mi pecho doblando un poco las rodillas, dando claras señales y muestras que se desmayaba, y yo ansimismo dí á entender que la sostenia contra mi voluntad. Su padre llegó corriendo adonde estábamos, y viendo á su hija de aquella manera le preguntó que qué tenia; pero

entendre d'elle, et me passant un bras autour du cou, elle commença à cheminer vers la maison d'un pas languissant. Le sort, qui pouvait être bien funeste si le ciel n'en eût ordonné autrement, voulut que pendant que nous allions tous les deux dans l'attitude que je viens de vous dire, un de ses bras autour de mon cou, son père, qui revenait de renvoyer les Turcs, vit comment nous nous en allions, et nous vîmes bien aussi qu'il nous avait aperçus; mais Zoraïde, adroite et prudente, ne voulut pas retirer son bras; au contraire, elle se rapprocha encore de moi, posa sa tête sur ma poitrine en fléchissant un peu les genoux, et donna tous les signes d'un évanouissement; de mon côté, j'eus l'air de la soutenir contre ma volonté. Le père accourut à l'endroit où nous étions, et voyant sa fille ainsi, il lui demanda ce qu'elle avait;

que pasamos	que *nous* passâmes (parcourûmes)
entrambos,	tous-les-deux,
y echándome un brazo al cuello	et me-jetant un bras au cou
comenzó á caminar	*elle* commença à cheminer
con pasos desmayados	avec *des* pas languissants
hácia la casa;	vers la maison;
y la suerte quiso,	et le sort voulut,
que pudiera	*le sort* qui pût (aurait pu)
ser muy mala	être fort mauvais
si el cielo	si le ciel
no la ordenara	ne l'ordonnât (ne l'avait ordonné)
de otra manera,	d'autre manière,
que yendo los dos	que en-allant *tous* les deux
de la manera y postura	de la manière et attitude
que os he contado,	que *je* vous ai contée,
con un brazo al cuello,	avec un bras au cou,
su padre, que ya volvia	son père, qui déjà revenait
de hacer ir á los turcos,	de faire *en* aller les Turcs,
nos vió	nous vit
de la suerte y manera	de la sorte et manière
que íbamos,	que nous allions,
y nosotros vimos	et nous vîmes
que él nos habia visto;	qu'il nous avait vus;
pero Zoraida,	mais Zoraïde,
advertida y discreta,	avisée et prudente,
no quiso quitar el brazo	ne voulut pas ôter le bras
de mi cuello;	de mon cou; [moi,
antes se llegó mas á mí,	plutôt *elle* s'approcha plus à (de)
y puso su cabeza	et mit sa tête
sobre mi pecho	sur ma poitrine
doblando un poco las rodillas,	en-pliant un peu les genoux,
dando señales	donnant *des* signes
y muestras claras	et *des* marques claires
que se desmayaba,	qu'*elle* s'évanouissait,
y yo ansimismo	et moi pareillement
di á entender	*je* donnai à comprendre
que la sostenia	que *je* la soutenais
contra mi voluntad.	contre ma volonté.
Su padre llegó corriendo	Son père arriva en-courant
adonde estábamos,	où *nous* étions,
y viendo á su hija	et voyant sa fille
de aquella manera	de cette sorte (en cet état
le preguntó que	lui demanda que (lui demanda)
qué tenia;	quoi *elle* avait (ce qu'elle avait);

como ella no le respondiese, dijo su padre : « Sin duda alguna que con el sobresalto de la entrada destos canes se ha desmayado; » y quitándola del mio la arrimó á su pecho, y ella dando un suspiro y aun no enjutos los ojos de lágrimas, volvió á decir : « *Ameji*, cristiano, *ameji* : véte, cristiano, véte. » A lo que su padre respondió : « No importa, hija, que el cristiano se vaya, ningun mal te ha hecho, y los turcos ya son idos : no te sobresalte cosa alguna, pues ninguna hay que pueda darte pesadumbre, pues como ya te he dicho los turcos á mi ruego se volvieron por donde entraron. — Ellos, señor, la sobresaltaron como has dicho, dije yo á su padre; mas pues ella dice que yo me vaya, no la quiero dar pesadumbre : quédate en paz, y con tu licencia volveré si fuere menester por yerbas á este jardin, que segun dice mi amo,

mais comme elle ne lui répondait pas : « Sans doute, dit-il, l'épouvante de l'arrivée de ces chiens l'aura fait évanouir; » et me la reprenant, il l'appuya sur son sein. Elle poussa un soupir, et les yeux encore humides de larmes, elle répéta : « *Ameji*, chrétien, *ameji* : va-t'en, chrétien, va-t'en. — Ma fille, répondit son père, il n'est pas nécessaire que le chrétien s'en aille, il ne t'a point fait de mal, et les Turcs sont déjà partis; ne t'effraye pas, il n'y a rien qui puisse te causer de l'ennui, puisque, comme je t'ai déjà dit, les Turcs à ma prière sont retournés par où ils étaient venus. — Ce sont eux, seigneur, qui l'ont épouvantée, comme tu viens de dire, dis-je à son père; mais puisqu'elle dit que je m'en aille, e ne veux pas l'importuner : tiens-toi en paix, et je reviendrai avec ta permission, si c'est nécessaire, chercher des herbes dans

pero como ella	mais comme elle
no le respondiese,	ne lui répondit (répondait) pas,
su padre dijo :	son père dit : [douteux]
« Sin duda alguna	« Sans doute aucun (il n'est pas
que con el sobresalto	que avec l'épouvante
de la entrada destos canes	de l'entrée de-ces chiens
se ha desmayado; »	*elle* s'a (s'est) évanouie; »
y quitándola	et l'-ôtant
del mio	de la mienne (de ma poitrine)
la arrimó á su pecho,	*il* l'appuya à sa poitrine,
y ella dando un suspiro	et elle donnant (poussant) un soupir
y los ojos	et les yeux
aun no enjutos de lágrimas,	encore non essuyés de larmes,
volvió á decir :	revint à dire (répéta) :
« Amejí, cristiano, amejí :	« Améji, chrétien, améji :
véte, cristiano, véte. »	va-t'*en*, chrétien, va-t'*en*. »
A lo que	A ce quoi (à quoi)
su padre respondió :	son père répondit :
« No importa, hija,	« *Il* n'importe pas, fille,
que el cristiano se vaya,	que le chrétien s'en aille,
te ha hecho ningun mal,	*il ne* t'a fait aucun mal,
y los turcos ya son idos :	et les Turcs déjà s'*en* sont allés :
alguna cosa	*que* quelque chose
no te sobresalte,	ne t'effraye pas,
pues hay ninguna	car il *n'y en* a aucune
que pueda darte pesadumbre,	qui puisse te-donner ennui,
pues como ya te he dicho	car comme déjà *je* t'ai dit
los turcos á mi ruego	les Turcs à ma prière [tournés)
se volvieron	s'*en* retournèrent (s'en sont re-
por donde	par où
entraron.	*ils* entrèrent (étaient entrés).
— Ellos, señor,	— *Ce sont* eux, seigneur,
la sobresaltaron	*qui* l'effrayèrent (l'ont effrayée)
como has dicho,	comme *tu* as dit,
dije yo á su padre;	dis-je à son père;
mas pues ella dice	mais puisqu'elle dit
que yo me vaya,	que je m'en aille,
no la quiero dar pesadumbre :	*je* ne lui veux pas donner ennui :
quédate en paz,	tiens-toi en paix,
y con tu licencia	et avec ta permission
volveré	*je* reviendrai
si fuere menester	s'*il* sera (s'il est) besoin
por yerbas	pour *chercher des* herbes
á este jardin,	à ce jardin,

en ninguno las hay mejores para ensalada que en él.—Todas las¹ que quisieres podrás volver, respondió Agimorato, que mi hija no dice esto porque tú ni ninguno de los cristianos la enojaban, sino que por decir que los turcos se fuesen, dijo que tú te fueses, ó porque ya era hora que buscases tus yerbas. »

41. Con esto me despedí al punto de entrambos, y ella arrancándosele el alma al parecer, se fué con su padre, y yo con achaque de buscar las yerbas rodeé muy bien y á mi placer todo el jardin : miré bien las entradas y salidas, y la fortaleza de la casa, y la comodidad que se podia ofrecer para facilitar todo nuestro negocio. Hecho esto, me vine y dí cuenta de cuanto habia pasado al renegado y á mis compa-

ton jardin, car mon maître prétend que nulle part il n'y en a de meilleures pour faire une salade. — Reviens tant que tu voudras, répondit Agimorato; si ma fille a dit cela, ce n'est pas que tu l'ennuies, ni quelque autre chrétien ni toi; c'était pour dire que les Turcs s'en allassent qu'elle t'a dit de t'en aller, ou bien parce qu'il était temps de chercher tes herbes. »

41. Là-dessus je pris congé d'eux sur-le-champ; elle, à qui il semblait qu'on arrachât l'âme, s'éloigna avec son père, et moi, sous prétexte de chercher des herbes, je parcourus en détail et à mon aise tout le jardin; j'examinai bien les entrées, les sorties, le fort de la maison, et les commodités qui pouvaient s'offrir pour faciliter notre entreprise. Cela fait, je m'en revins et rendis compte au renégat et à mes compagnons de tout ce qui s'était

que segun dice mi amo,	car selon *ce que* dit mon maître,
en ninguno	dans aucun [meilleures]
las hay mejores	il *ne* les y a meilleures (il n'y en a de
para ensalada	pour salade
que en él.	que dans lui (dans celui-ci).
— Todas las que quisieres	— Toutes les *fois* que *tu* voudras
podrás volver,	*tu* pourras revenir,
respondió Agimorato,	répondit Agimorato,
que mi hija no dice esto	car ma fille ne dit pas cela
porque tú	parce-que toi
ni ninguno de los cristianos	ni aucun des chrétiens
la enojaban,	l'ennuyaient,
sino que por decir	si-*ce*-n'*est* que pour dire
que los turcos se fuesen,	que les Turcs s'*en*-allassent,
dijo que tú te fueses,	elle dit (a dit) que tu t'*en* allasses,
ó porque ya	ou parce-que déjà
era hora	*il* était heure (temps)
que buscases tus yerbas. »	que *tu* cherchasses tes herbes. »
41. Con esto	41. Avec ceci (sur cela)
me despedí al punto	*je* me séparai au moment
de entrambos,	de tous-les-deux,
y ella arrancándosele el alma	et elle en-s'arrachant-à-elle l'âme
al parecer,	au paraître (à ce qu'il semblait),
se fué con su padre,	s'*en* fut avec son père,
y yo con achaque	et moi avec (sous) prétexte
de buscar las yerbas	de chercher les herbes
rodeé muy bien	*je* parcourus fort bien
y á mi placer	et à mon plaisir
todo el jardin :	tout le jardin :
miré bien	*j*'examinai bien
las entradas y salidas,	les entrées et sorties,
y la fortaleza de la casa,	et la force de la maison,
y la comodidad	et la commodité
que se podia ofrecer	qui se pouvait offrir
para facilitar	pour faciliter
todo nuestro negocio.	toute notre affaire.
Esto hecho,	Ceci fait,
me vine	*je* m'*en* vins
y di cuenta	et donnai (rendis) compte
de cuanto habia pasado	de tout-ce-qui avait (s'était) passé
al renegado	au renégat
y á mis compañeros,	et à mes compagnons,
y ya	et déjà [tiemment]
no veia	*je* ne voyais pas (j'attendais impa-

ñeros, y ya no veia la hora de verme gozar sin sobresalto del bien que en la hermosa y bella Zoraida la suerte me ofrecia. En fin el tiempo se pasó, y se llegó el dia y plazo de nosotros tan deseado; y siguiendo todos el órden y parecer que con discreta consideracion y largo discurso muchas veces habíamos dado, tuvimos el buen suceso que deseábamos, porque el viernes que se siguió al dia que yo con Zoraida hablé en el jardin, el renegado al anochecer dió fondo con la barca casi frontero de donde la hermosísima Zoraida estaba. Ya los cristianos que habian de bogar el remo estaban prevenidos y escondidos por diversas partes de todos aquellos alrededores. Todos estaban suspensos y alborozados aguardándome, deseosos ya de embestir con el bajel que á los ojos tenian; porque ellos no sabian el concierto del renegado, sino que

passé; il me semblait que je ne verrais jamais l'heure où je pourrais goûter sans inquiétude le bonheur que m'envoyait la fortune dans la belle et charmante Zoraïde. Enfin le temps s'écoula, enfin arriva le jour, l'instant si désiré par nous; nous suivîmes tous le plan que nous avions arrêté après de mûres réflexions et des délibérations répétées, et nous eûmes le bon succès que nous souhaitions. Le vendredi qui suivit le jour où je m'étais entretenu avec Zoraïde dans le jardin, le renégat, à la tombée de la nuit, jeta l'ancre presque en face de l'endroit où Zoraïde se tenait. Déjà les chrétiens qui devaient manœuvrer la rame étaient avertis et cachés de côté et d'autre dans les environs. Tous m'attendaient, éveillés et joyeux, impatients d'attaquer le navire qu'ils avaient devant les yeux; ils ignoraient ma convention avec le renégat, et

la hora de verme gozar	l'heure de me-voir jouir
sin sobresalto	sans épouvante
del bien que la suerte me ofrecia	du bonheur que le sort m'offrait
en la hermosa y bella Zoraida.	dans la belle et charmante Zoraïde.
En fin el tiempo se pasó,	En fin le temps se passa,
y el dia y plazo	et le jour et terme
tan deseado de nosotros	si désiré de nous
se llegó;	arriva;
y siguiendo todos	et en-suivant tous
el órden y parecer	le plan et l'avis
que con discreta consideracion	que avec prudent examen
y largo discurso	et grand raisonnement
habíamos dado	*nous* avions donné
muchas veces,	beaucoup-de fois,
tuvimos el buen suceso	*nous* eûmes le bon succès
que deseábamos,	que *nous* désirions,
porque el viernes	parce-que le vendredi
que se siguió al dia	qui se suivit au (qui suivit le) jour
que hablé	que je parlai (où j'avais parlé)
con Zoraida	avec Zoraïde
en el jardin,	dans le jardin,
el renegado	le renégat [nuit]
el anochecer	au faire-nuit (à la tombée de la
dió fondo	donna fond (jeta l'ancre)
con la barca	avec la barque
casi frontero	presque vis-à-vis *de l'endroit*
donde la hermosisima Zoraida	où la très-belle Zoraïde
estaba.	était.
Ya los cristianos	Déjà les chrétiens
que habian de bogar	qui avaient *devoir* de manœuvrer
el remo	la rame
estaban prevenidos	étaient avertis
y escondidos	et cachés
por diversas partes	par (en) divers endroits
de todos aquellos alrededores.	de tous ces alentours.
Todos estaban suspensos	Tous étaient attentifs
y alborozados	et égayés
aguardándome,	en-m'attendant,
deseosos ya de embestir	désireux déjà de faire-attaque
con el bajel	avec (contre) le vaisseau
que tenian á los ojos;	qu'*ils* avaient aux (devant les) yeux;
porque ellos no sabian	car ils ne savaient pas
el concierto del renegado,	l'accord du renégat,
sino que pensaban	sinon que (mais) *ils* pensaient

pensaban que á fuerza de brazos habian de haber y ganar la ibertad quitando la vida á los moros que dentro de la barca estaban. Sucedió pues, que así como yo me mostré y mis compañeros, todos los demas escondidos que nos vieron se vinieron llegando á nosotros. Esto era ya á tiempo que la ciudad estaba ya cerrada, y por toda aquella campaña ninguna persona parecia.

42. Como estuvimos juntos, dudamos si seria mejor ir primero por Zoraida, ó rendir primero à los moros bagarinos[1] que bogaban al remo en la barca; y estando en esta duda, llegó á nosotros nuestro renegado diciéndonos que[2] en qué nos deteníamos, que ya era hora, y que todos sus moros estaban descuidados y los mas dellos durmiendo. Dijímosle en lo que reparábamos, y él dijo que lo que mas importaba era rendir primero el bajel, que se podia hacer con grandí-

pensaient qu'ils leur faudrait conquérir la liberté par la force de leurs bras, en arrachant la vie aux Mores qui se trouvaient dans l'embarcation. Aussi, dès que je me montrai avec mes compagnons, tous les autres nous aperçurent de leurs cachettes, et vinrent se joindre à nous. C'était l'heure où l'on venait de fermer la ville, et dans toute cette campagne nul être vivant n'apparaissait.

42. Quand nous fûmes réunis, nous nous demandâmes s'il valait mieux commencer par aller chercher Zoraïde ou par faire prisonniers les Mores bagarins qui ramaient sur la barque; tandis que nous hésitions, notre renégat vint à nous, nous demandant à quoi nous nous amusions, que c'était le moment, que tous ses Mores étaient désœuvrés et la plupart endormis. Nous lui dîmes ce qui nous arrêtait; à quoi il répondit que le plus pressé était de prendre le bâtiment, ce qui pouvait se faire avec la plus grande

LE CAPTIF. 133

que habian	qu'*ils* avaient *nécessité*
de haber y ganar la libertad	d'avoir et gagner la liberté
á fuerza de brazos	à force de bras
quitando la vida	en-ôtant la vie
á los moros que estaban	aux Mores qui étaient
dentro de la barca.	au-dedans de la barque.
Sucedió pues	*Il* arriva donc
que así como	que ainsi comme (dès que)
yo me mostré	je me montrai
y mis compañeros,	et mes compagnons *aussi*,
todos los demas escondidos	tous les autres cachés
que nos vieron	qui nous virent
se vinieron	s'*en* vinrent
llegando á nosotros.	en-arrivant à nous.
Esto era ya á tiempo	C'était déjà à temps (au moment)
que la ciudad	que (où) la ville
estaba ya cerrada,	était déjà fermée,
y por toda aquella campaña	et par (dans) toute cette campagne
ninguna persona parecia.	aucune personne *ne* paraissait.
42. Como	42. Comme (quand)
estuvimos juntos,	*nous* fûmes réunis,
dudamos si seria mejor	*nous* doutâmes s'*il* serait meilleur
ir primero	d'aller d'abord
por Zoraida,	pour *chercher* Zoraïde,
ó rendir primero	ou *de* faire-prisonniers d'abord
á los moros bagarinos	les Mores bagarins
que bogaban al remo	qui manœuvraient à la rame
en la barca;	dans la barque;
y estando en esta duda,	et étant dans ce doute,
nuestro renegado	notre renégat
llegó á nosotros	arriva à nous
diciéndonos que	en-nous-disant que (demandant)
en qué nos deteniamos,	en quoi *nous* nous amusions,
que ya era hora,	que déjà *c*'était *l*'heure,
y que todos sus moros	et que tous ses Mores
estaban descuidados	étaient nonchalants
y los mas dellos durmiendo.	et la plupart d'-eux dormant.
Dijímosle	*Nous* lui-dîmes
lo en que reparábamos,	ce en (sur) quoi nous examinions,
y él dijo	et il dit
que lo que importaba mas	que ce qui importait *le* plus
era rendir primero	était *de* prendre d'abord
el bajel,	le bâtiment,
que se podia hacer	*ce* qui se pouvait faire

sima facilidad y sin peligro alguno, y que luego podíamos ir por Zoraida. Pareciónos bien á todos lo que decia, y así sin detenernos mas, haciendo él la guia, llegamos al bajel, y saltando él dentro primero, metió mano á un alfanje y dijo en morisco : « Ninguno de vosotros se mueva de aquí si no quiere que le cueste la vida. » Ya á este tiempo habian entrado dentro casi todos los cristianos. Los moros, que eran de poco ánimo, viendo hablar de aquella manera á su arraez[1], quedáronse espantados, y sin ninguno de todos ellos echar mano á las armas, que pocas ó casi ningunas tenian, se dejaron, sin hablar alguna palabra, maniatar de los cristianos, los cuales con mucha presteza lo hicieron, amenazando á los moros que si alzaban por alguna via ó manera la voz, que luego al punto los pasarian todos á cuchillo.

facilité et sans aucun péril, qu'aussitôt après nous irions chercher Zoraïde. Son avis nous parut bon, et sans perdre temps davantage, nous arrivâmes à la barque sous sa conduite; il sauta le premier dedans, mit la main à son cimeterre, et dit en langue moresque : « Que personne de vous ne bouge d'ici, s'il ne veut qu'il lui en coûte la vie. » A ce moment, presque tous les chrétiens avaient pénétré dans le bateau. Les Mores, qui étaient gens de peu de courage, voyant leur *arraez* parler ainsi, restèrent épouvantés; aucun d'entre eux ne prit les armes, ils en avaient d'ailleurs bien peu ou pas du tout, et sans dire un mot ils se laissèrent mettre les menottes par les chrétiens, qui s'en acquittèrent en un clin d'œil, menaçant les Mores, s'ils élevaient la voix le moins du monde, de les passer tous au fil de l'épée.

con grandísima facilidad	avec très-grande facilité
y sin peligro alguno,	et sans péril aucun,
y que luego	et que aussitôt *après*
podíamos ir	*nous* pouvions aller
por Zoraida.	pour *chercher* Zoraïde.
Lo que decia	Ce qu'*il* disait
pareciónos bien á todos,	nous-parut bien à tous,
y asi	et ainsi
sin detenernos mas,	sans nous-amuser davantage,
él haciendo la guia,	lui faisant le guide,
llegamos al bajel,	*nous* arrivâmes au bâtiment,
y él saltando dentro	et lui sautant dedans
primero,	*le* premier,
metió mano á un alfanje	mit *la* main à un coutelas
y dijo en morisco :	et dit en moresque :
« Ninguno de vosotros	« *Qu'*aucun de vous
se mueva de aquí,	*ne* se bouge d'ici,
si no quiere	s'*il* ne veut pas
que le cueste la vida. »	qu'*il* lui *en* coûte la vie. »
Ya á este tiempo	Déjà à ce temps (moment)
casi todos los cristianos	presque tous les chrétiens
habian entrado dentro.	avaient entré dedans.
Los moros,	Les Mores,
que eran de poco ánimo,	qui étaient de peu-de courage,
viendo á su arraez	voyant leur arraez
hablar de aquella manera,	parler de cette manière,
quedáronse espantados,	se-tinrent épouvantés
y sin ninguno de ellos todos	et sans *qu'*aucun d'eux tous
echar mano	jeter (portât) *la* main
á las armas,	aux armes,
que tenian pocas	qu'*ils* avaient peu-nombreuses
ó casi ningunas,	ou presque aucunes,
se dejaron,	*ils* se laissèrent,
sin hablar alguna palabra,	sans dire quelque (aucune) parole,
maniatar de los cristianos,	emmenotter des (par les) chrétiens,
los cuales lo hicieron	lesquels le firent
con mucha presteza,	avec beaucoup-de célérité,
amenazando á los moros	menaçant les Mores
que si alzaban la voz	que s'*ils* élevaient la voix
por alguna via	par aucun moyen
ó manera,	ou manière,
que luego al punto	que aussitôt au moment
los pasarian todos	*ils* les passeraient tous
á cuchillo.	à couteau (au fil de l'épée).

43. Hecho ya esto, quedándose en guardia dellos la mitad de los nuestros, los que quedábamos, haciéndonos asimismo el renegado la guia, fuimos al jardin de Agimorato, y quiso la buena suerte que llegando á abrir la puerta, se abrió con tanta facilidad como si cerrada no estuviera, y así con gran quietud y silencio llegamos á la casa sin ser sentidos de nadie. Estaba la bellísima Zoraida aguardándonos á una ventana; y así como sintió gente, preguntó con voz baja si éramos *nizarani*, como si dijera ó preguntara si éramos cristianos. Yo le respondí que sí, y que bajase. Cuando ella me conoció, no se detuvo un punto, porque sin responderme palabra bajó en un instante, abrió la puerta, y mostróse á todos tan hermosa y ricamente vestida, que no lo acierto á encarecer.

43. Après cela, nous laissâmes pour les garder la moitié des nôtres; les autres et moi, toujours guidés par le renégat, nous allâmes au jardin d'Agimorato; notre bonne fortune voulut, quand nous vînmes pour ouvrir la porte, qu'elle cédât aussi facilement que si elle n'avait pas été fermée; nous arrivâmes donc à la maison en grand silence, sans que personne s'aperçut de rien. La charmante Zoraïde nous attendait à une fenêtre; lorsqu'elle entendit du monde, elle demanda à voix basse si nous étions *nizarani*, ce qui veut dire chrétiens. Je répondis que oui, et qu'elle descendît. Dès qu'elle m'eût reconnu, elle ne perdit pas une minute, car sans me répondre un mot elle descendit en un instant, ouvrit la porte, et se montra à nous tous si belle et si richement vêtue que je ne saurais en donner une idée. Aussitôt que je la vis,

43. Esto ya hecho,	43. Ceci déjà fait,
la mitad	la moitié
de los nuestros	des nôtres [pour les garder),
quedándose en guardia dellos,	se-tenant en garde d'-eux (restant
los que quedábamos,	*nous* ceux qui restions,
el renegado	le renégat
haciéndonos asimismo	nous-faisant(nous servant)de-même
la guia,	le (de) guide,
fuimos	*nous* allâmes
al jardin de Agimorato,	au jardin d'Agimorato,
y la buena suerte quiso	et la bonne fortune voulut
que llegando á abrir la puerta,	qu'arrivant à (pour) ouvrir la porte,
se abrió	*elle* s'ouvrit
con tanta facilidad	avec autant-de facilité
como si no estuviera	comme si *elle* ne fût pas (que si elle
cerrada,	fermée, [n'avait pas été)
y asi	et ainsi
con gran quietud y silencio	avec grand calme et silence
llegamos á la casa	*nous* arrivâmes à la maison
sin ser sentidos de nadie.	sans être entendus de personne.
La bellisima Zoraida	La très-belle Zoraïde
estaba aguardándonos	était nous-attendant
á una ventana;	à une fenêtre;
y así como	et ainsi comme (dès que)
sintió gente,	*elle* entendit *du* monde,
preguntó con voz baja	*elle* demanda avec (à) voix basse
si éramos nizarani,	si *nous* étions nizarani,
como si dijera	comme si *elle* dît (avait dit)
ó preguntara	ou demandât (avait demandé)
si éramos cristianos.	si *nous* étions chrétiens.
Yo le respondí que si,	Je lui répondis que oui,
y que bajase.	et qu'*elle* descendît.
Cuando ella me conoció,	Quand elle me reconnut,
no se detuvo un punto,	*elle* ne s'amusa pas un moment,
porque	car
sin responderme palabra,	sans me-répondre *une* parole,
bajó en un instante,	*elle* descendit en un instant,
abrió la puerta,	ouvrit la porte,
y mostróse á todos	et se-montra à tous
tan hermosa	si belle
y ricamente vestida,	et *si* richement vêtue,
que no lo acierto á encarecer.	que *je* ne le trouve pas à exagérer.
Luego que yo la vi,	Aussitôt que je la vis,
le tomé una mano,	*je* lui pris une main,

Luego que yo la ví, le tomé una mano, y la comencé á besar, y el renegado hizo lo mismo y mis dos camaradas, y los demas que el caso no sabian hicieron lo que vieron que nosotros hacíamos, que no parecia sino que le dábamos las gracias, y reconocíamos por señora de nuestra libertad.

44. El renegado le dijo en lengua morisca si estaba su padre en el jardin. Ella respondió que sí, y que dormia. « Pues será menester despertalle, replicó el renegado, y llevárnosle con nosotros, y todo aquello que tiene de valor en este hermoso jardin. — No, dijo ella, á mi padre no se ha de tocar en ningun modo, y en esta casa no hay otra cosa que lo que yo llevo, que es tanto que bien habrá para que todos quedeis ricos y contentos, y esperaos un poco y lo vereis. » Y diciendo esto se volvió á entrar diciendo que muy presto volveria, que

je pris une de ses mains que je me mis à baiser; le renégat et mes deux compagnons en firent autant, et les autres, qui ne savaient rien de l'aventure, nous imitèrent cependant, car il semblait que nous lui rendions grâces et que nous la reconnaissions pour maîtresse de notre liberté.

44. Le renégat lui demanda en langue moresque si son père était dans le jardin. Elle répondit que oui et qu'il dormait. « Il faudra donc le réveiller, répliqua le renégat, et l'emmener avec tout ce qu'il y a de précieux dans ce beau jardin. — Non, dit-elle, on ne doit point toucher à mon père, et il n'y a dans cette maison que ce que j'emporte : c'est assez pour vous faire tous riches et contents; attendez un peu, et vous le verrez. » A ces mots elle rentra en disant qu'elle allait revenir tout de suite et que nous demeuras-

y comencé á la besar,	et commençai à la baiser,
y el renegado hizo lo mismo	et le renégat fit la même *chose*
y mi dos camaradas,	et mes deux camarades *aussi*,
y los demas	et les autres
que no sabian el caso	qui ne savaient pas l'aventure
hicieron lo que vieron	firent ce qu'*ils* virent
que nosotros haciamos,	que nous faisions,
que no parecia	qui ne semblait pas *être autre chose*
sino que	sinon que [rendions grâces),
le dábamos las gracias,	nous lui donnions les grâces (lui
y reconociamos	et *la* reconnaissions
por señora de nuestra libertad.	pour maîtresse de notre liberté.
44. El renegado	44. Le renégat
le dijo	lui dit (demanda)
en lengua morisca	en langue moresque
si su padre estaba en el jardin.	si son père était dans le jardin.
Ella respondió que sí,	Elle répondit que oui,
y que dormia.	et qu'*il* dormait.
« Pues será menester	« Alors *il* sera besoin
despertalle,	*de* le-réveiller,
replicó el renegado,	répliqua le renégat,
y llevárnosle	et *de* l'-emmener-nous
con nosotros,	avec nous,
y todo aquello que tiene	et tout ce qu'il y a
de valor	de valeur
en este hermoso jardin.	dans ce beau jardin.
— No, dijo ella,	— Non, dit-elle,
se no ha de tocar	on n'a pas *besoin* de toucher
á mi padre	mon père
en ningun modo,	en aucune façon,
y no hay en esta casa	et il n'y a pas dans cette maison
otra cosa	autre chose
que lo que yo llevo,	que ce que j'emporte,
que es tanto	qui est si-considérable
que habrá bien	qu'il y *en* aura bien
para que todos	pour que tous
quedeis ricos y contentos,	*vous* demeuriez riches et contents,
y esperaos un poco	et attendez-vous un peu
y lo vereis. »	et *vous* le verrez. »
Y diciendo esto	Et en-disant ceci
se volvió á entrar	*elle* s'*en* retourna à entrer (rentra)
diciendo que volveria	disant qu'*elle* reviendrait
muy presto,	fort vite,
que nos estuviésemos quedos	que nous fussions tranquilles

nos estuviésemos quedos sin hacer ningun ruido. Preguntéle al renegado lo que con ella habia pasado, el cual me lo contó, á quien yo dije que en ninguna cosa se habia de hacer mas de lo que Zoraida quisiese ; la cual ya volvia cargada con un cofrecillo lleno de escudos de oro, tantos que apenas lo podia sustentar.

45. Quiso la mala suerte que su padre despertase en el ínterin, y sintiese el ruido que andaba en el jardin; y asomándose á la ventana, luego conoció que todos los que en él estaban eran cristianos, y dando muchas, grandes y desaforadas voces, comenzó á decir en arábigo : « Cristianos, cristianos, ladrones, ladrones! » por los cuales gritos nos vimos todos puestos en grandísima y temerosa confusion; pero el renegado viendo el peligro en que estábamos, y lo mucho que le importaba salir con aquella empresa antes de ser sen-

sions tranquilles sans faire de bruit. Je demandai au renégat ce qui venait de se passer avec elle; il me le raconta, je lui dis qu'en toute chose on ne devait faire que la volonté de Zoraïde. Et déjà elle revenait chargée d'un coffret rempli de tant d'écus d'or qu'à peine pouvait-elle le soutenir.

45. Le malheur voulut que son père s'éveillât dans l'intervalle et entendît le bruit qui se faisait dans le jardin; il se mit à la fenêtre, reconnut aussitôt que tous ceux qui se trouvaient là étaient des chrétiens, et se mit à pousser en arabe des cris épouvantables : « Aux chrétiens, aux chrétiens ! Aux voleurs, aux voleurs ! » Ces cris nous jetèrent tous dans une affreuse et extrême confusion; mais le renégat, comprenant le péril où nous nous trouvions, et combien il lui importait de terminer l'entreprise avant d'être dé-

sin hacer ningun ruido.	sans faire aucun bruit.
Preguntéle al renegado	Je lui-demandai, au renégat,
lo que habia pasado con ella,	ce qui avait (s'était) passé avec elle,
el cual me lo contó,	le quel me le raconta,
á quien yo dije	à qui je dis
que en ninguna cosa	que en aucune chose
se habia de hacer mas	on n'avait *besoin* de faire plus
de lo que Zoraida quisiese;	de (que) ce que Zoraïde voulût (vou-
la cual ya volvia	la quelle déjà revenait [drait);
cargada con un cofrecillo	chargée avec un (d'un) coffret
lleno de escudos de oro,	plein d'écus d'or,
tantos que apenas	si-nombreux que à-peine
lo podia sustentar.	*elle* le pouvait soutenir.
45. La mala suerte quiso	45. La mauvaise fortune voulut
que su padre despertase	que son père s'-éveillât
en el interin,	dans l'intervalle,
y sintiese el ruido	et entendît le bruit
que andaba en el jardin;	qui allait (se faisait) dans le jardin;
y asomándose	et se-montrant
á la ventana,	à la fenêtre,
luego conoció	aussitôt *il* reconnut
que todos los	que tous ceux
que estaban en él	qui étaient dans lui (dans le jardin)
eran cristianos,	étaient chrétiens,
y dando voces	et donnant (jetant) *des* cris
muchas, grandes	nombreux, grands
y desaforadas,	et démesurés,
comenzó á decir en arábigo :	il commença à dire en arabe :
« Cristianos, cristianos,	« Chrétiens, chrétiens,
ladrones, ladrones! »	voleurs, voleurs! »
por los cuales gritos	par les quels cris
nos vimos todos	*nous* nous vîmes tous
puestos en confusion	mis en *une* confusion
grandísima y temerosa;	très-grande et effrayante;
pero el renegado	mais le renégat
viendo el peligro	voyant le péril
en que	dans lequel
estábamos,	nous étions, [lui) importait
y lo mucho que le importaba	et le beaucoup qu'il lui (combien il
salir con	*de* sortir avec (venir à bout de)
aquella empresa	cette entreprise
antes de ser sentido,	avant d'être découvert,
subió	monta
con grandísima presteza	avec très-grande vitesse

tido, con grandísima presteza subió donde Agimorato estaba, y juntamente con él fueron algunos de nosotros, que yo no osé desamparar á Zoraida, que como desmayada se habia dejado caer en mis brazos. En resolucion los que subieron se dieron tan buena maña, que en un momento bajaron con Agimorato trayéndole atadas las manos y puesto un pañizuelo en la boca, que no le dejaba hablar palabra, amenazándole que el hablarla le habia de costar la vida. Cuando su hija le vió, se cubrió los ojos por no verle, y su padre quedó espantado, ignorando cuan de su voluntad se habia puesto en nuestras manos; mas entónces siendo mas necesarios los piés, con diligencia y presteza nos pusimos en la barca, que ya los que en ella habian quedado nos esperaban temerosos de algun mal suceso nuestro.

46. Apenas serian dos horas pasadas de la noche, cuando

couvert, monta en toute hâte auprès d'Agimorato, accompagné de quelques-uns des nôtres; pour moi, je n'osai quitter Zoraïde, qui s'était laissée tomber comme évanouie dans mes bras. Enfin ceux qui étaient montés furent si actifs, qu'au bout d'un moment ils redescendirent amenant Agimorato les mains liées; ils lui avaient mis sur la bouche un mouchoir qui ne lui permettait pas de prononcer un mot, et le menaçaient de lui ôter la vie à la première parole. Quand sa fille l'aperçut, elle se couvrit les yeux pour ne pas le voir, et son père demeura frappé de stupeur, ne sachant pas combien elle s'était mise volontairement entre nos mains; mais comme alors nos pieds nous étaient le plus nécessaires, nous retournâmes en toute diligence à la barque: déjà ceux que nous y avions laissés nous attendaient, inquiets qu'il ne nous fût arrivé quelque malheur.

46. A peine deux heures de la nuit s'étaient écoulées que nous

donde Agimorato estaba,	où Agimorato était,
y juntamente con él	et ensemble avec lui
fueron algunos de nosotros,	allèrent quelques-uns de nous,
que yo no osé	car moi *je* n'osai pas
desamparar á Zoraida,	quitter Zoraïde,
que como desmayada	qui comme évanouie
se habia dejado caer	s'avait (s'était) laissée tomber
en mis brazos.	dans mes bras.
En resolucion	En fin [térité,
los que subieron	ceux qui montèrent
se dieron tan buena maña,	se donnèrent (firent) si bonne dex-
que en un momento	que en un moment
bajaron con Agimorato	*ils* descendirent avec Agimorato
trayéndole	le-conduisant
las manos atadas	les mains liées
y un pañizuelo	et un petit-mouchoir
puesto en la boca,	mis dans (sur) la bouche,
que no le dejaba	*mouchoir* qui ne lui laissait pas
hablar palabra,	dire *une* parole,
amenazándole	en-le-menaçant
que el hablarla	que le *fait de* la-dire (d'en dire une)
le habia de costar	lui avait *conséquence* de coûter (de-
la vida.	la vie. [vait lui coûter)
Cuando su hija le vió,	Quand sa fille le vit,
se cubrió los ojos	*elle* se couvrit les yeux
por no verle,	pour ne pas le-voir,
y su padre quedó espantado,	et son père resta stupéfait,
ignorando	ignorant
cuan de su voluntad	combien de sa volonté
se habia puesto	elle s'avait (s'était) mise
en nuestras manos;	en nos mains;
mas entónces los piés	mais alors les pieds
siendo mas necesarios,	étant *les* plus nécessaires,
nos pusimos en la barca	*nous* nous mîmes dans la barque
con diligencia y presteza,	avec diligence et célérité,
que ya	car déjà
los que habian quedado en ella	ceux qui avaient resté dans elle
nos esperaban	nous attendaient
temerosos	inquiets
de algun mal suceso nuestro.	de quelque mauvais succès nôtre.
46. Apenas	46. A-peine [passées)
serian pasadas	seraient passées (pouvaient s'être
dos horas de la noche,	deux heures de la nuit,
cuando ya estábamos todos	quand déjà nous étions tous

ya estábamos todos en la barca, en la cual se le quitó al padre de Zoraida la atadura de las manos y el paño de la boca; pero tornóle á decir el renegado que no hablase palabra, que le quitarian la vida. Él como vió allí á su hija, comenzó á suspirar ternísimamente, y mas cuando vió que yo estrechamente la tenia abrazada, y que ella sin defenderse, ni quejarse, ni esquivarse, se estaba queda; pero con todo esto callaba porque no pusiesen en efecto las muchas amenazas que el renegado le hacia. Viéndose pues Zoraida ya en la barca, y que queríamos dar los remos al agua, y viendo allí á su padre y á los demas moros que atados estaban, le dijo al renegado que me dijese le hiciese merced de soltar á aquellos moros, y dar libertad á su padre, porque antes se arrojaria en la mar, que ver delante de sus ojos y por causa suya llevar cautivo á un padre que tanto la habia querido. El renegado me lo dijo, y yo respondí que era muy contento;

étions tous dans la barque; on retira au père de Zoraïde les liens de ses mains et le mouchoir de sa bouche, mais le renégat lui répéta qu'il ne devait souffler mot, qu'autrement on lui ôterait la vie. En voyant sa fille, il se mit à pousser des gémissements plaintifs, qui redoublèrent quand il s'aperçut que je la tenais étroitement embrassée, et que sans se défendre, sans se plaindre, sans s'éloigner, elle demeurait tranquille; mais malgré tout cela il se taisait, de peur qu'on ne mît à exécution les menaces que le renégat lui avait faites. Zoraïde, voyant qu'elle était déjà embarquée et que nous allions mettre les rames à l'eau, regardant son père et les autres Mores qui étaient attachés, chargea le renégat de me demander que je lui fisse la grâce de délier les Mores et de remettre son père en liberté; car elle se jetterait dans la mer plutôt que de voir de ses yeux et à cause d'elle emmener captif un père qui l'avait tant chérie. Le renégat me transmit sa prière, et je ré-

en la barca,	dans la barque,
en la cual se le quitó	dans la quelle on lui ôta,
al padre de Zoraida	au père de Zoraïde,
la atadura de las manos	l'attache des mains
y el paño de la boca;	et le mouchoir de la bouche;
pero el renegado	mais le renégat
tornóle á decir	lui-revint à dire (lui répéta)
que no hablase palabra,	qu'*il* ne dît pas mot,
que le quitarian la vida.	qu'*ils* lui ôteraient la vie.
Él, como vió allí á su hija,	Lui, comme *il* vit là sa fille,
comenzó á suspirar	commença à soupirer
ternísimamente,	très-tendrement (plaintivement),
y mas cuando vió	et plus *encore* quand *il* vit
que yo la tenia abrazada	que je la tenais embrassée
estrechamente,	étroitement,
y que ella sin defenderse,	et qu'elle sans se-défendre,
ni quejarse, ni esquivarse,	ni se-plaindre, ni se-retirer,
se estaba queda;	était tranquille;
pero con todo esto callaba	mais avec tout cela *il se* taisait
porque no pusiesen	pour-qu'*ils* ne missent pas
en efecto	en effet (à exécution)
las muchas amenazas	les nombreuses menaces
que el renegado le hacia.	que le renégat lui faisait.
Zoraida pues	Zoraïde donc
viéndose ya en la barca,	se-voyant déjà dans la barque,
y que queriamos	et que *nous* voulions
dar los remos al agua,	donner (mettre) les rames à l'eau,
y viendo allí á su padre	et voyant là son père
y á los demas moros	et les autres Mores
que estaban atados,	qui étaient attachés,
le dijo al renegado	lui dit, au renégat,
que me dijese	qu'*il* me dît
le hiciese merced	*que je* lui fisse *la* grâce
de soltar á aquellos moros,	de relâcher ces Mores,
y dar libertad á su padre,	et *de* donner *la* liberté à son père,
porque se arrojaria en la mar	parce-qu'*elle* se jetterait dans la mer
antes que ver	avant (plutôt) que *de* voir
delante de sus ojos	au-devant de (devant) ses yeux
y por causa suya	et pour cause sienne (à cause d'elle)
llevar cautivo á un padre	emmener captif un père
que la habia tanto querido.	qui l'avait tant chérie.
El renegado me lo dijo,	Le renégat me le dit,
y yo respondí	et je répondis
que era	que *j*'étais

pero él respondió que no convenia á causa que, si allí los dejaban, apellidarian luego la tierra y alborotarian la ciudad, y serian causa que saliesen á buscallos con algunas fragatas ligeras, y les tomasen la tierra y la mar, de manera que no pudiésemos escaparnos; que lo que se podria hacer era darles libertad en llegando á la primera tierra de cristianos.

47. En este parecer venimos todos; y Zoraida, á quien se le dió cuenta con las causas que nos movian á no hacer luego lo que queria, tambien se satisfizo; y luego con regocijado silencio y alegre diligencia cada uno de nuestros valientes remeros tomó su remo, y comenzamos, encomendándonos á Dios de todo corazon, á navegar la vuelta de las islas de Mallorca, que es la tierra de cristianos mas cerca; pero á causa

pondis que j'étais prêt à la contenter; mais il répliqua qu'il ne le fallait point, parce que si on les laissait là, ils appelleraient toute la contrée au secours, soulèveraient la ville, et seraient cause qu'on sortirait avec des frégates légères pour nous poursuivre, qu'on nous fermerait la terre et la mer de façon à nous mettre dans l'impossibilité de nous échapper. Ce que l'on pouvait faire, c'était de leur rendre la liberté sur la première terre chrétienne où nous aborderions.

47. Nous nous rangeâmes tous à son avis, et Zoraïde, à qui l'on expliqua les raisons qui nous conseillaient de ne pas faire sur-le-champ ce qu'elle souhaitait, en fut satisfaite. Aussitôt dans un joyeux silence et une allègre activité chacun de nos vigoureux rameurs prit sa rame, et nous recommandant à Dieu du fond du cœur, nous commençâmes à voguer vers les îles de Majorque, la terre chrétienne la plus proche; mais comme le vent du nord avait

muy contento :	fort content (consentant) :
pero él respondió	mais il répondit
que no convenia	que *cela* ne convenait pas
á causa que,	à cause que,
si los dejaban allí,	s'*ils* les laissaient là,
apellidarian luego la tierra	*ils* appelleraient aussitôt le pays
y alborotarian la ciudad,	et ameuteraient la ville,
y serian causa	et seraient cause
que saliesen	qu'*ils* sortissent (qu'on sortît)
á buscallos	à (pour) les-chercher
con algunas fragatas ligeras,	avec quelques frégates légères,
y les tomasen	et qu'*ils* leur prissent (qu'on leur
la tierra y la mar,	la terre et la mer, [fermât]
de manera que no pudiésemos	de manière que *nous* ne pussions
escaparnos ;	nous-échapper ;
que lo que se podria hacer	que ce qui se pourrait faire
era darles libertad	était *de* leur-donner liberté
en llegando á la primera tierra	en arrivant à la première terre
de cristianos.	de chrétiens.

47. Venimos todos | 47. *Nous* vînmes tous
en este parecer ; | dans (à) cet avis ;
y Zoraida, | et Zoraïde, [compte
á quien se le dió cuenta | à qui on lui donna (on rendit)
con las causas | avec les causes (des causes)
que nos movian | qui nous poussaient
á no hacer luego | à ne pas faire aussitôt
lo que queria, | ce qu'*elle* voulait,
se satisfizo tambien ; | se contenta aussi ;
y luego | et aussitôt
con silencio regocijado | avec *un* silence réjoui (joyeux)
y diligencia alegre | et *une* activité gaie
cada uno | chaque un (chacun)
de nuestros valientes remeros | de nos vigoureux rameurs
tomó su remo, | prit sa rame,
y comenzamos, | et *nous* commençâmes,
encomendándonos á Dios | en-nous-recommandant à Dieu
de todo corazon, | de tout cœur,
á navegar la vuelta | à naviguer *dans* la direction
de las islas de Mallorca, | des îles de Majorque,
que es la tierra de cristianos | qui est la terre de chrétiens
mas cerca ; | le plus près ;
pero á causa de | mais à cause de (parce que)
el viento tramontana | le vent nord
soplar un poco | souffler (soufflait) un peu

de soplar un poco el viento tramontana y estar la mar algo picada, no fué posible seguir la derrota de Mallorca; y fuénos forzoso dejarnos ir tierra á tierra la vuelta de Oran, no sin mucha pesadumbre nuestra, por no ser descubiertos del lugar de Sargel, que en aquella costa cae no mas que sesenta millas de Argel, y asimismo temíamos encontrar por aquel paraje alguna galeota de las que de ordinario venian con mercancía de Tetuan, aunque cada uno por sí y por todos juntos presumíamos de que, si se encontraba galeota de mercancía, como no fuese de las que andan en corso, que no solo no nos perderíamos, mas que tomaríamos bajel donde con mas seguridad pudiésemos acabar nuestro viaje. Iba Zoraida en tanto que se navegaba puesta la cabeza entre mis manos por no ver á su padre, y sentia yo que iba llamando á Lela Márien que nos ayudase.

fraîchi et que la mer était assez houleuse, il nous fut impossible de tenir notre route, et nous fûmes contraints de longer les côtes en allant vers Oran; ce contre-temps nous inquiétait fort : nous craignions qu'on ne nous découvrît de Sargel, qui se trouve dans ces parages, à peine à soixante milles d'Alger. Nous redoutions aussi de rencontrer dans ces eaux quelqu'une des galiotes qui amenaient d'ordinaire des marchandises de Tétouan, bien que chacun de nous comptât assez sur lui-même et sur les autres pour espérer, si nous rencontrions un bâtiment de commerce qui ne fût pas de ceux qui vont en course, que non-seulement nous ne serions pas pris, mais que nous prendrions un vaisseau avec lequel nous pourrions achever plus sûrement notre voyage. Tout le temps qu'on navigua, Zoraïde tint sa tête cachée dans mes mains pour ne pas voir son père, et je l'entendais prier Lella Marien de nous venir en aide.

y la mar estar	et la mer être (et que la mer était
algo picada,	quelque-peu fâchée (houleuse),
no fué posible	il ne fut pas possible
seguir la derrota de Mallorca;	de suivre la route de Majorque;
y fuénos forzoso	et il nous-fut forcé (nécessaire)
dejarnos ir	de nous-laisser aller
tierra á tierra	terre à terre (en côtoyant)
la vuelta de Oran,	dans la direction d'Oran,
no sin mucha pesadumbre	non sans beaucoup-d'ennui
nuestra,	nôtre (pour nous),
por no ser descubiertos	pour n'être pas découverts
del lugar de Sargel,	de l'endroit (la ville) de Sargel,
que en aquella costa	qui dans (sur) cette côte
cae no mas	tombe (est située) à pas plus
que sesenta millas de Argel,	que soixante milles d'Alger,
y asimismo	et aussi
temíamos encontrar	nous craignions de rencontrer
por aquel paraje	par (dans) ce parage
alguna galeota	quelque galiote
de las que de ordinario	de celles qui d'ordinaire
venian con mercancía	venaient avec marchandise
de Tetuan,	de Tétouan,
aunque cada uno	quoique chaque un (chacun)
por sí y por todos juntos	pour soi et pour tous ensemble
presumíamos de que,	nous comptions de (sur) ceci que,
si se encontraba	si on rencontrait
galeota de mercancía,	une galiote de commerce,
como no fuese	pourvu-qu'elle ne fût pas une
de las que andan en corso,	de celles qui vont en course,
que no solo	que non-seulement
no nos perderíamos,	nous ne nous perdrions pas,
mas que tomaríamos	mais que nous prendrions
bajel	un vaisseau
donde con mas seguridad	où avec plus-de sécurité
pudiésemos acabar	nous pussions achever
nuestro viaje.	notre voyage.
Zoraida iba	Zoraïde allait
en tanto que se navegaba	en tant (tout le temps) qu'on navi- [guait
la cabeza puesta	la tête mise
entre mis manos	entre mes mains
por no ver á su padre,	pour ne pas voir son père,
y yo sentia	et j'entendais
que iba llamando á Lela Márien	qu'elle allait appelant Lella Marien
que nos ayudase.	pour qu'elle nous aidât.

48. Bien habríamos navegado[1] treinta millas, cuando nos amaneció como tres tiros de arcabuz desviados de tierra, toda la cual vimos desierta y sin nadie que nos descubriese; pero con todo eso nos fuimos á fuerza de brazos entrando un poco en la mar, que ya estaba algo mas sosegada, y habiendo entrado casi dos leguas, dióse órden que se bogase á cuarteles en tanto que comíamos algo, que iba bien proveida la barca, puesto que los que bogaban dijeron que no era aquel tiempo de tomar reposo alguno, que les diesen de comer á los que no bogaban, que ellos no querian soltar los remos de las manos en manera alguna. Hízose ansí, y en esto comenzó á soplar un viento largo, que nos obligó á hacer luego vela y á dejar el remo, y enderezar á Oran por no ser posible poder hacer otro viaje. Todo se hizo con mucha presteza, y así á la

48. Nous pouvions avoir fait trente milles, quand le point du our nous trouva à peu près à trois portées d'arquebuse de la terre; la contrée nous parut déserte, nous ne vîmes personne qui pût nous découvrir. Malgré cela nous fîmes force de rames pour nous élever un peu en mer, car le flot s'était légèrement calmé; au bout de deux lieues, on s'arrangea pour ramer de quart tandis que nous prendrions quelque nourriture, car la barque était largement approvisionnée; mais les rameurs dirent que ce n'était pas le moment de se reposer, qu'on donnât à manger à ceux qui ne ramaient point, que pour eux ils ne quitteraient leurs rames à aucun prix. Nous fîmes ainsi, et en ce moment commença de souffler une forte brise qui nous obligea aussitôt à déployer la voile, à cesser de ramer et à mettre le cap sur Oran, tout autre direction étant impossible. La manœuvre s'exécuta vivement et

48. Habríamos navegado	48. Nous aurions (avions) navigué
bien treinta millas,	bien (à peu près) trente milles,
cuando nos amaneció	quand *il* nous commença-à-faire-
desviados de tierra	éloignés de *la* terre [jour
como tres tiros de arcabuz,	comme *de* trois portées d'arbalète,
toda la cual vimos desierta	toute la quelle *nous* vîmes déserte
y sin nadie	et sans personne
que nos descubriese;	qui nous découvrît;
pero con todo eso	mais avec tout cela
nos fuimos	*nous* nous *en* allâmes
á fuerza de brazos	à force de bras
entrando un poco en la mar,	en-pénétrant un peu dans la mer,
que ya estaba	qui déjà était
algo mas sosegada,	quelque-peu plus calmée,
y habiendo entrado	et ayant pénétré
casi dos leguas,	environ deux lieues,
órden dióse	ordre se-donna (fut donné)
que se bogase á cuarteles	qu'on ramât à (par) quarts
en tanto que comiamos	en tant (tandis) que nous mangions
algo,	un-peu,
que la barca	car la barque
iba bien proveida,	allait (était) bien approvisionnée,
puesto que los que bogaban	bien que ceux qui ramaient
dijeron	dirent [ment]
que no era aquel tiempo	que *ce* n'était pas ce temps (le mo-
de tomar alguno reposo,	de prendre quelque (aucun) repos,
que les diesen	qu'*ils* leur dissent (qu'on dît)
de comer	de manger
á los que no bogaban,	à ceux qui ne ramaient pas,
que ellos no querian	que eux ne voulaient pas
soltar los remos de las manos	quitter les rames des mains
en manera alguna.	en façon aucune.
Hízose ansí,	*Il* se-fit (fut fait) ainsi,
y en esto	et en ce *moment*
comenzó á soplar	commença à souffler
un viento largo,	un vent fort,
que nos obligó	qui nous obligea
á hacer luego vela	à faire aussitôt voile
y á dejar el remo,	et à quitter la rame,
y enderezar á Oran	et *à* aller-droit à Oran [possible
por no ser posible	pour n'être (parce qu'il n'était) pas
poder hacer otro viaje.	*de* pouvoir faire *une* autre route.
Todo se hizo	Tout se fit
con mucha presteza,	avec beaucoup-de célérité,

vela navegamos por mas de ocho millas por hora sin llevar otro temor alguno sino el de encontrar con bajel que de corso fuese. Dimos de comer á los moros bagarinos, y el renegado los consoló diciéndoles como no iban cautivos, que en la primera ocasion les darian libertad. Lo mismo se le dijo al padre de Zoraida, el cual respondió : « Cualquiera otra cosa pudiera yo esperar y creer de vuestra liberalidad y buen término, ó cristianos; mas el darme libertad, no me tengais por tan simple que lo imagine, que nunca os pusistes[1] vosotros al peligro de quitármela para volverla tan liberalmente, especialmente sabiendo quién soy yo, y el interese que se os puede seguir de dármela; el cual interese si le quereis poner nombre, desde aquí os ofrezco todo aquello que quisiéredes

nous allâmes à la voile, faisant plus de huit milles par heure, sans autre crainte que celle de rencontrer un bâtiment de course. Nous donnâmes à manger aux Mores bagarins, et le renégat les consola en leur disant qu'on ne les emmenait pas captifs, mais qu'à la première occasion on les mettrait en liberté. On en dit autant au père de Zoraïde, qui répondit : « Je pourrais espérer et croire toute autre chose de votre générosité et de votre courtoisie, chrétiens; mais quant à me donner la liberté, ne supposez pas que je sois assez simple pour l'imaginer : jamais vous ne vous seriez exposés au danger de me la ravir pour me la rendre si libéralement, surtout sachant qui je suis et quel profit vous pouvez retirer de mon affranchissement. Si vous voulez fixer un prix, je vous offre dès à présent tout ce que vous demanderez pour moi et pour cette mal-

y asi navegamos á la vela	et ainsi *nous* naviguâmes à la voile
por mas de ocho millas	par (à raison de) plus de huit milles
por hora	par heure
sin llevar	sans emporter (avoir)
otro temor alguno	autre crainte aucune
sino el de encontrar	sinon celle de faire-rencontre
con bajel que fuese de corso.	avec *un* vaisseau qui fût de course.
Dimos de comer	*Nous* donnâmes de (à)manger
á los moros bagarinos,	aux Mores bagarins,
y el renegado los consoló	et le renégat les consola
diciéndoles	en-leur-disant [(en captivité),
como no iban cautivos,	comment *ils* n'allaient pas captifs
que en la primera ocasion	que dans (à) la première occasion
les darian libertad.	*ils* leur donneraient *la* liberté.
Le se dijo lo mismo	Il le lui dit (il dit) la même *chose*
al padre de Zoraida,	au père de Zoraïde,
el cual respondió :	le quel répondit :
« Yo pudiera	« Je pusse (je pourrais)
esperar y creer	espérer et croire
otra cosa cualquiera	autre chose quelconque
de vuestra liberalidad	de votre générosité
y buen término,	et bonne façon (courtoisie),
ó cristianos;	ô chrétiens;
mas el darme	mais le me-donner (que vous me
libertad,	*la* liberté, [donniez
no me tengais por tan simple	ne me tenez pas pour si simple
que lo imagine,	que *je* l'imagine,
que nunca vosotros	car jamais vous
os pusistes al peligro	*ne* vous mîtes au péril
de quitármela	de me-l'ôter
para volverla	pour *me* la-rendre
tan liberalmente,	si généreusement,
especialmente	surtout
sabiendo quién yo soy,	sachant qui je suis,
y el interese	et le gain [vous revenir
que se puede os seguir	qui se peut à-vous suivre (qu ı peut
de dármela;	de me-la-donner;
el cual interese	le quel gain
si quereis	si *vous* voulez
le poner nombre,	lui mettre nom (le spécifier),
desde aquí	dès ici (dès à présent)
os ofrezco	*je* vous offre
todo aquello que quisiéredes	tout ce que *vous* voudrez
por mi	pour moi

por mí y por esa desdichada hija mia, ó si no por ella sola, que es la mayor y la mejor parte de mi alma. »

49. En diciendo esto, comenzó á llorar tan amargamente, que á todos nos movió á compasion, y forzó á Zoraida que le mirase, la cual viéndole llorar así se enterneció, que se levantó de mis piés y fué á abrazar á su padre, y juntando su rostro con el suyo comenzaron los dos tan tierno llanto, que muchos de los que allí íbamos le acompañamos en él. Pero cuando su padre la vió adornada de fiesta y con tantas joyas sobre sí, le dijo en su lengua : « ¿Qué es esto, hija, que ayer al anochecer, antes que nos sucediese esta terrible desgracia en que nos vemos, te ví con tus ordinarios y caseros vestidos, y ahora, sin que hayas tenido tiempo de vestirte, y sin haberte dado alguna nueva alegre de solemnizarla con adornarte

heureuse enfant, ou plutôt pour elle seule qui est la principale et la meilleure partie de mon âme. »

49. En disant cela, il se mit à pleurer si amèrement qu'il nous émut tous de pitié et força Zoraïde de le regarder. En le voyant ainsi pleurer, elle s'attendrit, se leva de mes pieds, courut embrasser son père, colla son visage au sien, et ils commencèrent tous deux à pleurer d'une façon si touchante, que presque nous tous qui étions là fîmes comme eux. Cependant quand son père la vit parée d'habits de fête avec tant de bijoux sur elle, il lui dit en sa langue : « Qu'est-ce à dire, ma fille? Hier, à l'entrée de la nuit, avant que nous arrivât ce terrible malheur où nous nous voyons, je t'ai vue avec les vêtements que tu portes d'ordinaire à la maison ; et maintenant, sans que tu aies eu le temps de t'habiller, sans que je t'aie donné aucune joyeuse nouvelle

y por esa desdichada hija mia,	et pour cette malheureuse fille
ó si no	ou sinon (ou du moins) [mienne,
por ella sola,	pour elle seule,
que es la mayor	qui est la plus-grande
y la mejor parte	et la meilleure partie
de mi alma. »	de mon âme. »
49. En diciendo esto,	49. En disant ceci,
comenzó á llorar	*il* commença à pleurer
tan amargamente,	si amèrement,
que movió á compasion	qu'*il* émut à compassion
á nos todos,	nous tous,
y forzó á Zoraida	et força Zoraïde
que le mirase,	*à ce qu'elle* le regardât,
la cual	la quelle
viéndole llorar asi	en-le-voyant pleurer ainsi
se enterneció,	s'attendrit,
que se levantó de mis piés	*de sorte qu'elle* se leva de mes pieds
y fué á abrazar á su padre,	et fut à (pour) embrasser son père,
y juntando su rostro	et joignant son visage
con el suyo	avec le sien
comenzaron los dos	*ils* commencèrent *tous* les deux
llanto tan tierno,	*un* pleur si touchant,
que muchos	que beaucoup
de los	de ceux (de nous)
que íbamos alli	qui allions (étions) là
le acompañamos	l'accompagnâmes
en él.	dans elle (cette lamentation).
Pero cuando su padre	Mais quand son père
la vió adornada	la vit parée
de fiesta	de (comme pour une) fête
y con tantas joyas sobre sí,	et avec tant-de joyaux sur elle,
le dijo en su lengua :	*il* lui dit en sa langue :
« ¿Qué es esto, hija,	« Qu'est ceci, *ma* fille,
que ayer al anochecer,	que hier au tomber-de-la-nuit,
antes que nos sucediese	avant que nous arrivât
esta terrible desgracia	cette terrible infortune
en que nos vemos,	dans laquelle *nous* nous voyons,
te ví con tus vestidos	*je* te vis avec tes habits
ordinarios y caseros,	ordinaires et de-la-maison,
y ahora,	et à-présent,
sin que hayas tenido tiempo	sans que tu aies eu temps
de vestirte,	de te-vêtir,
y sin haberte dado	et sans t'-avoir (que je t'aie) donné
alguna nueva alegre	quelque nouvelle joyeuse

y pulirte, te veo compuesta con los mejores vestidos que yo supe y pude darte, cuando nos fué la ventura mas favorable? Respóndeme á esto, que me tiene mas suspenso y admirado que la misma desgracia en que me hallo. »

50. Todo lo que el moro decia á su hija nos lo declaraba el renegado, y ella no le respondia palabra. Pero cuando él vió á un lado de la barca el cofrecillo donde ella solia tener sus joyas, el cual sabia él bien que le habia dejado en Argel, y no traídole al jardin, quedó mas confuso y preguntóle que cómo aquel cofre habia venido á nuestras manos, y qué era lo que venia dentro. A lo cual el renegado, sin aguardar que Zoraida le respondiese, le respondió : « No te canses, señor, en preguntar á Zoraida tu hija tantas cosas, porque con una

à célébrer par les atours et la parure, je te vois mise avec les plus beaux effets que j'ai su et pu te donner aux temps où la fortune nous était le plus favorable. Réponds-moi là-dessus, car cela me surprend et m'étonne plus que l'infortune même où je me trouve. »

50. Tout ce que le More disait à sa fille, le renégat nous le traduisait, et elle ne répondait pas une parole. Mais quand il aperçut sur un côté de la barque le coffret où elle mettait habituellement ses bijoux, comme il savait bien qu'il l'avait laissé à Alger et ne l'avait pas emporté au jardin, il resta plus confondu encore, et lui demanda comment ce coffret était venu entre nos mains et ce qu'il contenait. Alors le renégat, sans attendre que Zoraïde répondît : « Ne te fatigue pas, seigneur, à demander tant de choses à ta fille Zoraïde, car avec une seule réponse je satisferai à toutes tes ques-

de solemnizarla	de (pour) la-fêter
con adornarte	avec te-parer (en te parant)
y pulirte,	et t'-attifer (en t'attifant),
te veo compuesta	*je* te vois arrangée
con los mejores vestidos	avec les meilleurs habits
que yo supe y pude	que je sus et pus (que j'ai su et pu)
darte,	te donner,
cuando la ventura	quand la fortune
nos fué mas favorable?	nous fut *le* plus favorable?
Respóndeme á esto,	Réponds-moi à ceci,
que me tiene mas suspenso	qui me tient plus surpris
y admirado	et étonné
que la desgracia misma	que l'infortune même
en que me hallo. »	dans laquelle *je* me trouve. »
50. Todo lo que el moro	50. Tout ce que le More
decia á su hija	disait à sa fille,
el renegado	le renégat
nos lo declaraba,	nous l'expliquait,
y ella no le respondia palabra.	et elle ne lui répondait pas *un* mot.
Pero cuando él vió	Mais quand il vit
á un lado de la barca	à un côté de la barque
el cofrecillo	le coffret
donde ella solia	où elle avait-coutume
tener sus joyas,	*de* tenir ses bijoux,
el cual él sabia bien	le quel il savait bien
que le habia dejado en Argel,	qu'*il* l'avait laissé dans (à) Alger,
y no traidole	et ne l'-emporta pas (ne l'avait pas
al jardin,	au jardin, [emporté]
quedó mas confuso	*il* resta plus surpris
y preguntóle que	et lui-demanda que (ceci)
cómo aquel cofre habia venido	comment ce coffre avait (était) venu
á nuestras manos,	à (dans) nos mains,
y qué era	et quoi était
lo que venia dentro.	ce qui venait (était) dedans.
A lo cual el renegado,	A la quelle *chose* le renégat,
sin aguardar	sans attendre
que Zoraida le respondiese,	que Zoraïde lui répondît,
le respondió :	lui répondit :
« No te canses, señor,	« Ne te fatigue pas, seigneur,
en preguntar	en (à) demander
tantas cosas	tant-de choses
á Zoraida tu hija,	à Zoraïde ta fille,
porque con una	parce-que avec une
que yo te responda	que moi *je* te réponde

que yo te responda te satisfaré á todas, y así quiero que sepas que ella es cristiana, y es la que ha sido la lima de nuestras cadenas y la libertad de nuestro cautiverio : ella va aquí de su voluntad, tan contenta, á lo que yo imagino, de verse en este estado, como el que sale de las tinieblas á la luz, de la muerte á la vida, y de la pena á la gloria. — ¿Es verdad lo que este dice, hija? dijo el moro. — Así es, respondió Zoraida. — ¿Qué en efecto, replicó el viejo, tú eres cristiana, y la que ha puesto á su padre en poder de sus enemigos? » A lo cual respondió Zoraida : « La que es cristiana yo soy; pero no la que te ha puesto en este punto, porque nunca mi deseo se extendió á dejarte ni á hacerte mal, sino á hacerme á mí bien. — ¿Y qué bien es el que te has hecho, hija? — Eso, respondió ella, pregúntaselo tú á Lela Márien, que ella te lo sabrá decir mejor que yo. »

tions; je veux donc que tu saches qu'elle est chrétienne, que c'est elle qui a été la lime de nos chaînes et la délivrance de notre captivité. Elle vient avec nous de sa volonté, aussi contente, à ce que je présume, de se voir dans cette situation, que celui qui s'élance des ténèbres à la lumière, de la mort à la vie, du séjour des souffrances au séjour de la gloire. — Est-ce vrai ce qu'il dit, ma fille? s'écria le More. — Oui, répondit Zoraïde. — Quoi, en effet, répliqua le vieillard, tu es chrétienne, et c'est toi qui as mis ton père au pouvoir de ses ennemis? — Oui, je suis chrétienne, répondit Zoraïde; mais ce n'est pas moi qui t'ai mis en cet état, car jamais mon désir ne s'est porté à t'abandonner ni à te faire du mal, mais seulement à me faire du bien. — Et quel bien t'es-tu fait, ma fille? — Pour cela, répondit-elle, demande-le à Lella Marien, elle saura te le dire mieux que moi. »

te satisfaré á todas,	je te satisferai à (sur) toutes,
y así quiero que sepas	et ainsi je veux que tu saches
que ella es cristiana,	qu'elle est chrétienne,
y es la	et est celle (et que c'est elle)
que ha sido	qui a été
la lima de nuestras cadenas	la lime de nos chaînes
y la libertad	et la liberté
de nuestro cautiverio :	de notre captivité :
ella va aquí	elle va (est venue) ici
de su voluntad,	de sa volonté,
tan contenta,	aussi contente,
á lo que yo imagino,	à ce que j'imagine,
de verse en este estado,	de se-voir en cet état,
como el que sale	comme (que) celui qui sort
de las tinieblas á la luz,	des ténèbres à la lumière,
de la muerte á la vida,	de la mort à la vie,
y de la pena á la gloria.	et de la peine à la gloire.
— ¿Lo que este dice	— Ce que celui-ci dit
es verdad, hija?	est-ce la vérité, ma fille?
dijo el moro.	dit le More.
—Es así, respondió Zoraida.	— C'est ainsi, répondit Zoraïde.
— ¿Qué en efecto,	— Quoi! en effet,
replicó el viejo,	répliqua le vieillard,
tú eres cristiana,	tu es chrétienne,
y la que ha puesto	et celle qui a (et c'est toi qui as) mis
á su padre	son (ton) père
en poder de sus enemigos? »	en le (au) pouvoir de ses ennemis? »
A lo cual Zoraida respondió :	A laquelle chose Zoraïde répondit :
« Yo soy	« Je suis
la que es cristiana,	celle qui est chrétienne,
pero no la que te ha puesto	mais non celle qui t'a mis
en este punto,	en ce point,
porque nunca mi deseo	parce-que jamais mon désir
se extendió	ne s'étendit (ne s'est porté)
á dejarte	à te quitter
ni á hacerte mal,	ni à te-faire du mal,
sino á hacer bien á mí.	mais à faire du bien à moi.
— ¿Y qué bien es el	— Et quel bien est celui
que te has hecho, hija?	que tu t'as (t'es) fait, ma fille?
— Eso, respondió ella,	— Ceci, répondit-elle,
pregúntaselo tú	demande-lui-le toi
á Lela Márien,	à Lella Marien,
que ella te lo sabrá decir	car elle te le saura dire
mejor que yo. »	mieux que moi. »

51. Apenas hubo oido esto el moro, cuando con una increible presteza se arrojó de cabeza en la mar, donde sin ninguna duda se ahogara, si el vestido largo y embarazoso que traia no le entretuviera un poco sobre el agua. Dió voces Zoraida que le sacasen, y así acudimos luego todos, y asiéndole de la almalafa[1], le sacamos medio ahogado y sin sentido, de que recibió tanta pena Zoraida, que, como si fuera ya muerto, hacia sobre él un tierno y doloroso llanto. Volvímosle boca abajo, volvió mucha agua, tornó en sí al cabo de dos horas, en las cuales habiéndose trocado el viento, nos convino volver hácia tierra, y hacer fuerza de remos por no embestir en ella; mas quiso nuestra buena suerte que llegamos

52. A peine eut-il entendu cette réponse, qu'avec une incroyable promptitude il se jeta dans la mer la tête la première, et sans aucun doute il se serait noyé, si le vêtement large et embarrassant qu'il portait ne l'eût soutenu un moment sur l'eau. Zoraïde nous appela pour le retirer, nous accourûmes tous bien vite, et le saisissant par son surtout, nous le tirâmes à demi noyé et privé de sentiment; de quoi Zoraïde fut si affligée, que comme si déjà il eût été mort, elle fit sur lui de plaintifs et douloureux gémissements. Nous le plaçâmes la tête en bas, il rendit beaucoup d'eau et revint à lui au bout de deux heures. Pendant ce temps le vent avait changé, nous fûmes forcés de porter vers la terre en faisant force de rames pour ne pas y être jetés. Notre bonne destinée nous fit en-

51. Apenas el moro hubo oido esto, cuando con una increible presteza se arrojó de cabeza en la mar, donde sin ninguna duda se ahogara si el vestido largo y embarazoso que traia no le entretuviera un poco sobre el agua. Zoraida dió voces que le sacasen, y asi acudimos luego todos, y asiéndole de la almalafa, le sacamos medio ahogado y sin sentido, de que Zoraida recibió tanta pena, que, como si ya fuera muerto, hacia sobre él un llanto tierno y doloroso. Volvimosle boca abajo, volvió mucha agua, tornó en sí al cabo de dos horas, en las cuales el viento habiéndose trocado, nos convino volver hácia tierra, y hacer fuerza de remos por no embestir en ella; mas nuestra buena suerte quiso que llegamos á una cala que se hace	51. A-peine le More eut entendu ceci, lorsque avec une incroyable célérité *il* se jeta de tête (la tête la première) dans la mer, où sans aucun doute *il* se noyât (se serait noyé) si l'habit large et embarrassant qu'*il* portait ne le maintînt (ne l'eût maintenu) un peu sur l'eau. Zoraïde donna (jeta) *des* cris *pour* qu'*ils* le retirassent (qu'on le et ainsi [retirât), *nous* accourûmes aussitôt tous, et en-le-saisissant du (par le) surtout, *nous* le retirâmes demi noyé et sans connaissance, de quoi Zoraïde reçut (conçut) tant-de chagrin, que, comme si déjà *il* fût (eût été) mort, *elle* faisait sur lui un pleur touchant et douloureux. *Nous* le-tournâmes bouche en-bas, *il* rendit beaucoup-d'eau, revint en soi (reprit ses sens) au bout de deux heures, dans (pendant) les quelles le vent s'-ayant (s'étant) changé, *il* nous convint *de* tourner vers terre, et *de* faire force de rames pour ne pas heurter en (contre) elle; mais notre bonne chance voulut que *nous* arrivâmes (arrivassions) à une cale qui se fait (est formée)

á una cala que se hace al lado de un pequeño promontorio ó cabo, que de los moros es llamado *el de la Cava Rumia*, que en nuestra lengua quiere decir *la mala mujer cristiana;* y es tradicion entre los moros que en aquel lugar está enterrada la Cava[1], por quien se perdió España, porque *cava* en su lengua quiere decir *mujer mala,* y *rumia, cristiana;* y aun tienen por mal agüero llegar allí á dar fondo cuando la necesidad les fuerza á ello, porque nunca le dan sin ella, puesto que para nosotros no fué abrigo de mala mujer, sino puerto seguro de nuestro remedio, segun andaba alterada la mar. Pusimos nuestras centinelas en tierra, y no dejamos jamas los remos de la mano : comimos de lo que el renegado habia proveido, y rogamos á Dios y á nuestra Señora de todo nuestro

trer dans une cale formée sur un des côtés d'un petit promontoire que les Mores appellent le cap *de la Cava Roumia*, ce qui veut dire en notre langue *de la Mauvaise femme chrétienne.* C'est une tradition chez eux que là est enterrée cette Cava qui causa la perte de l'Espagne, parce que dans leur idiome *Cava* signifie *mauvaise femme,* et *Roumia, chrétienne.* Ils regardent comme un mauvais augure de jeter l'ancre dans cette cale quand la nécessité les y oblige, car jamais ils ne le font sans cela ; cependant pour nous ce ne fut pas un abri de mauvaise femme, mais un port assuré de salut, tant la mer était orageuse. Nous plaçâmes nos sentinelles à terre, et sans quitter nos rames, nous mangeâmes des provisions que le renégat avait faites, priant de tout notre cœur Dieu et Notre

al lado	au (à) côté
de un pequeño promontorio	d'un petit promontoire
ó cabo,	ou cap,
que es llamado	qui est appelé
de los moros	des (par les) Mores
el de la Cava Rumia,	celui de la Cava Roumia,
que en nuestra lengua	ce qui en notre langue
quiere decir	veut dire
la mala mujer cristiana;	la mauvaise femme chrétienne;
y es tradicion	et c'est *une* tradition
entre los moros	parmi les Mores
que en aquel lugar	que dans cet endroit
está enterrada la Cava,	est enterrée la Cava,
por quien se perdió España,	par laquelle se perdit *l'*Espagne,
porque cava en su lengua	parce-que cava en leur langue
quiere decir mujer mala,	veut dire femme mauvaise,
y rumia, cristiana;	et roumia, chrétienne;
y aun tienen	et même *ils* tiennent
por mal agüero	pour mauvais augure
llegar allí	d'arriver là
á dar fondo	à donner fond (pour jeter l'ancre)
cuando la necesidad	quand la nécessité
les fuerza á ello,	les force à cela,
porque nunca	parce-que jamais
le dan	*ils ne* le donnent (ne l'y jettent)
sin ella,	sans elle (sans nécessité),
puesto que para nosotros	bien que pour nous
no fué abrigo	*ce ne* fut pas *un* abri
de mala mujer,	de mauvaise femme,
sino puerto seguro	mais *un* port assuré
de nuestro remedio,	de notre remède (salut),
segun la mar	selon *que* (tant) la mer
andaba alterada.	allait (était) troublée).
Pusimos en tierra	Nous mîmes à terre
nuestras centinelas,	nos sentinelles,
y no dejamos jamas	et ne quittâmes jamais
los remos	les rames
de la mano :	de la main :
comimos	nous mangeâmes
de lo que el renegado	de ce que le renégat
habia proveido,	avait approvisionné,
y rogamos á Dios	et priâmes Dieu
y á nuestra Señora	et notre Dame
de todo nuestro corazon,	de tout notre cœur,

corazon, que nos ayudase y favoreciese para que felizmente diésemos fin á tan dichoso principio.

52. Dióse órden á suplicacion de Zoraida como echásemos en tierra á su padre y á todos los demas moros que allí atados venian, porque no le bastaba el ánimo, ni lo podian sufrir sus blandas entrañas ver delante de sus ojos atado á su padre y aquellos de su tierra presos. Prometímosle de hacerlo así al tiempo de la partida, pues no corria peligro el dejallos en aquel lugar, que era despoblado. No fueron tan vanas nuestras oraciones, que no fuesen oidas del cielo, que en nuestro favor luego volvió el viento, tranquilo el mar, convidándonos á que tornásemos alegres á proseguir nuestro comenzado viaje. Viendo esto, desatamos á los moros, y uno á uno los pusimos en tierra, de lo que ellos se quedaron admirados;

Dame de nous aider et de nous protéger pour mener heureusement à fin un si bon commencement.

52. On se disposa, sur les prières de Zoraïde, à mettre à terre son père et tous les autres Mores qui étaient attachés sur la barque, parce que le cœur lui manquait et que ses tendres entrailles ne pouvaient supporter de voir devant ses yeux son père dans les liens et les gens de son pays prisonniers. Nous lui promîmes de les délivrer au moment du départ, car il n'y avait aucun péril à les laisser dans cet endroit qui était dépeuplé. Nos prières ne furent pas si vaines que le ciel ne les entendît; bientôt en notre faveur le vent changea, la mer s'apaisa, et nous invita à poursuivre joyeusement le voyage commencé. Alors nous détachâmes les Mores et nous les mîmes à terre l'un après l'autre, de quoi ils demeu-

que nos ayudase	qu'*il* nous aidât
y favoreciese	et *nous* favorisât [sions) fin
para que diésemos fin	pour que *nous* donnassions (mis-
felizmente	heureusement
á principio tan dichoso.	à *un* commencement si favorable.
52. Dióse órden	52. On donna ordre (on se mit en
á suplicacion	à *la* supplication [devoir)
de Zoraida	de Zoraïde
como echásemos	comment *nous* missions (de mettre)
en tierra	en (à) terre
á su padre	son père
y á todos los demas moros	et tous les autres Mores
que venian allí atados,	qui venaient (étaient) là attachés,
porque el ánimo	parce-que le cœur
no le bastaba,	ne lui suffisait pas (lui manquait),
ni sus blandas entrañas	ni ses tendres entrailles [ceci)
podian lo sufrir	*ne* pouvaient le souffrir (souffrir
ver delante de sus ojos	*de* voir devant ses yeux
á su padre atado	son père attaché
y aquellos de su tierra	et ceux de son pays
presos.	pris (prisonniers).
Prometímosle	*Nous* lui-promîmes
de hacerlo así	de le-faire ainsi
al tiempo de la partida,	au moment du départ,
pues el dejallos	car le laisser-eux
en aquel lugar,	dans ce lieu,
que era despoblado,	qui était inhabité,
no corria peligro.	ne courait (n'offrait) pas *de* péril.
Nuestras oraciones	Nos prières
no fueron tan vanas,	ne furent pas si vaines,
que no fuesen oidas	qu'*elles* ne fussent pas entendues
del cielo,	du ciel,
que en nuestro favor	car en notre faveur
el viento volvió luego,	le vent tourna aussitôt,
el mar tranquilo,	la mer tranquille,
convidándonos	nous-invitant
á que tornásemos alegres	à *ce* que *nous* revinssions joyeux
á proseguir	à poursuivre
nuestro viaje comenzado.	notre voyage commencé.
Viendo esto,	En-voyant ceci,
desatamos á los moros,	*nous* détachâmes les Mores,
y los pusimos á tierra	et les mîmes à terre
uno á uno,	un à un,
de lo que ellos	de ce quoi eux

pero llegando á desembarcar al padre de Zoraida, que ya estaba en todo su acuerdo, dijo : « ¿Por qué pensais, cristianos, que esta mala hembra huelga de que me deis libertad? ¿Pensais que es por piedad que de mí tiene? ¡No por cierto, sino que lo hace por el estorbo que le dará mi presencia cuando quiera poner en ejecucion sus malos deseos. » Y volviéndose á Zoraida, teniéndole yo y otro cristiano de entrambos brazos asido porque algun desatino no hiciese, le dijo : « O infame moza, y mal aconsejada muchacha, ¿adónde vas ciega y desatinada en poder destos perros, naturales enemigos nuestros?. »

53. Pero viendo yo que llevaba término de no acabar tan presto, dí priesa á ponelle en tierra, y desde allí á voces prosiguió en sus maldiciones y lamentos, rogando á Mahoma

rèrent bien surpris; mais quand nous fûmes au moment de débarquer le père de Zoraïde, qui avait repris tous ses sens, il nous dit : « Pourquoi pensez-vous, chrétiens, que cette méchante femme se réjouisse de me voir mettre en liberté? Croyez-vous que ce soit parce qu'elle a pitié de moi? non certes, mais c'est à cause de la gêne que lui causerait ma présence quand elle voudra exécuter ses mauvais desseins. » Et se tournant vers Zoraïde, tandis qu'un autre chrétien et moi nous le retenions par les deux bras de peur qu'il ne fît quelque malheur : « Fille infâme, s'écriat-il, fille perverse, où vas-tu aveugle et affolée au pouvoir de ces chiens, nos ennemis naturels? »

53. Voyant qu'il prenait le chemin de ne pas finir de sitôt, je me hâtai de le mettre à terre, et là, à grands cris, il poursuivit ses malédictions et ses plaintes, conjurant Mahomet de prier Allah de

se quedaron admirados;	se tinrent surpris;
pero llegando á desembarcar	mais en-venant à débarquer
al padre de Zoraida,	le père de Zoraïde,
que ya estaba	qui déjà était
en todo su acuerdo,	dans toute sa connaissance,
dijo : « ¿ Por qué pensais,	il dit : « Pour quoi pensez-vous,
cristianos,	chrétiens,
que esta mala hembra	que cette mauvaise femme
huelga de que	se-réjouit de ce que
me deis libertad ?	*vous* me donniez liberté?
¿ Pensais que es	Pensez-*vous* que *c*'est
por piedad que tiene de mi ?	pour pitié qu'*elle* a de moi ?
No por cierto,	Non pour sûr,
sino que lo hace	sinon que (mais) *elle* le fait
por el estorbo	pour l'obstacle
que le dará mi presencia	que lui donnera (fera) ma présence
cuando quiera	quand *elle* veuille (voudra)
poner en ejecucion	mettre en exécution
sus malos deseos; »	ses mauvais desseins; »
y volviéndose á Zoraida,	et se-tournant à Zoraïde,
yo teniéndole	moi le-tenant
y otro cristiano	et *un* autre chrétien
asido	saisi
de entrambos brazos	de (par) les-deux bras
porque no hiciese	pour-qu'*il* ne fît pas
algun desatino,	quelque extravagance,
le dijo :	*il* lui dit :
« O infame moza,	« O infâme fille,
y mal aconsejada muchacha,	et mal avisée jeune-fille,
¿ adónde vas	où vas-tu
ciega y desatinada	aveugle et extravagante
en poder destos perros,	en (au) pouvoir de ces chiens,
naturales enemigos nuestros ?»	naturels ennemis nôtres ? »
53. Pero yo viendo	53. Mais moi voyant
que llevaba término	qu'*il* prenait façon
de no acabar tan presto,	de ne pas achever si vite,
dí priesa	*je* donnai hâte (me hâtai)
á ponelle en tierra,	à (de) le-mettre en (à) terre,
y desde allí á voces	et depuis là à *grands* cris
prosiguió	*il* poursuivit
en sus maldiciones	en ses malédictions
y lamentos,	et lamentations,
rogando á Mahoma	priant Mahomet
que rogase á Alá	qu'*il* priât Allah

rogase á Alá que nos destruyese, confundiese y acabase, y cuando por habernos hecho á la vela no podimos oir sus palabras, vimos sus obras que eran arrancarse las barbas, mesarse los cabellos y arrastrarse por el suelo; mas una vez esforzó la voz de tal manera, que podimos entender que decia : « Vuelve, amada hija, vuelve á tierra, que todo te lo perdono ; entrega á esos hombres ese dinero, que ya es suyo, y vuelve á consolar á este triste padre tuyo, que en esta desierta arena dejará la vida si tú le dejas. » Todo lo cual escuchaba Zoraida, y todo lo sentia y lloraba, y no supo decirle ni respondelle palabra sino : « Plega á Alá, padre mio, que Lela Márien, que ha sido la causa de que yo sea cristiana, ella te consuele en tu tristeza. Alá sabe bien que no pude hacer otra cosa de la que he hecho, y que estos cristianos no deben nada á mi

nous détruire, de nous perdre, de nous exterminer. Quand nous eûmes mis à la voile et que déjà nous ne pouvions plus entendre ses paroles, nous voyions pourtant encore ce qu'il faisait : il s'arrachait la barbe, s'enlevait des touffes de cheveux et se roulait par terre. Enfin il força de telle sorte la voix, que nous pûmes comprendre ce qu'il disait: « Reviens, fille aimée, reviens à terre, je te pardonne tout; laisse à ces hommes cet argent qui déjà leur appartient, et reviens consoler ce triste père; car si tu le quittes, il quittera la vie sur cette plage déserte. » Zoraïde entendait tout, comprenait tout et pleurait; mais elle ne sut ni dire ni répondre une parole, si ce n'est : « Plaise à Allah, mon père, que Lella Marien, qui a été cause que je suis chrétienne, te console en ta tristesse. Allah sait bien que je n'ai pu agir autrement que j'ai fait, et que ces chrétiens ne doivent rien à ma volonté. Quand

que nos destruyese,	qu'*il* nous détruisît,
confundiese y acabase,	*nous* confondît et *nous* achevât,
y cuando	et quand [avions mis)
por habernos hecho	pour nous-avoir fait (parce que nous
á la vela	à la voile
no pudimos	*nous* ne pûmes
oir sus palabras,	entendre ses paroles,
vimos sus obras	*nous* vîmes ses actions
que eran arrancarse las barbas,	qui étaient *de* s'-arracher la barbe,
mesarse los cabellos	*de* s'-arracher les cheveux
y arrastrarse por el suelo;	et *de* se-traîner par (sur) le sol;
mas una vez	mais une fois
esforzó la voz de tal manera,	*il* força la voix de telle sorte,
que pudimos entender	que *nous* pûmes entendre
que decia :	qu'*il* disait :
« Vuelve, hija amada,	« Reviens, fille aimée,
vuelve á tierra,	reviens à terre,
que te lo perdono todo;	car *je* te le pardonne tout;
entrega á esos hombres	livre à ces hommes
ese dinero,	cet argent,
que ya es suyo,	qui déjà est leur (est à eux),
y vuelve á consolar	et reviens à (pour) consoler
á este triste padre tuyo,	ce triste père tien,
que dejará la vida	qui quittera la vie
en esta arena desierta,	dans ce sable désert,
si tú le dejas. »	si tu le quittes. »
Todo lo cual	Tout le quel (tout cela)
Zoraida escuchaba,	Zoraïde écoutait,
y lo sentia todo	et l'entendait tout
y lloraba,	et pleurait,
y no supo decirle	et ne sut pas lui-dire
ni respondelle palabra sino :	ni lui-répondre mot sinon :
« Plega á Alá,	« Plaise à Allah,
padre mio,	père mien (mon père),
que Lela Márien,	que Lella Marien,
que ha sido la causa	qui a été la cause
de que yo sea cristiana,	de *ce* que je sois chrétienne,
ella te consuele	elle te console
en tu tristeza.	dans ta tristesse.
Alá sabe bien	Allah sait bien
que no pude hacer otra cosa	que *je* ne pus faire autre chose
de la que he hecho,	de (que) celle que *j*'ai faite,
y que estos cristianos	et que ces chrétiens
no deben nada	ne doivent rien

voluntad, pues aunque quisiera no venir con ellos y quedarme en mi casa, me fuera imposible segun la priesa que me daba mi alma á poner por obra esta que á mí me parece tan buena, como tú, padre amado, la juzgas por mala. »

54. Esto dijo á tiempo que ni su padre la oia, ni nosotros ya le veíamos; y así consolando yo á Zoraida, atendimos todos á nuestro viaje, el cual nos le facilitaba el propio viento, de tal manera que bien tuvimos por cierto de vernos otro dia al amanecer en las riberas de España; mas como pocas veces ó nunca viene el bien puro y sencillo sin ser acompañado ó seguido de algun mal que le turbe ó sobresalte, quiso nuestra ventura, ó quizá las maldiciones que el moro á su hija habia echado, que siempre se han de temer de cualquier padre que sean, quiso, digo, que estando ya engolfados, y siendo ya

j'aurais voulu ne pas partir avec eux et rester à la maison, cela ne m'aurait pas été possible, tant mon âme avait hâte d'accomplir cette résolution qui me paraît aussi bonne que toi, mon père aimé, tu la juges mauvaise. »

54. Elle parlait ainsi alors que son père ne pouvait plus l'entendre et que déjà même nous ne le voyions plus. Tandis que je la consolais, nous reportâmes tous notre attention sur notre voyage que le vent favorisait si bien, que nous étions sûrs de nous voir le lendemain matin sur les côtes d'Espagne. Mais comme rarement ou jamais le bien n'arrive pur et complet, sans être accompagné ou suivi de quelque disgrâce qui le trouble ou l'altère, notre malheur voulut, ou peut-être les malédictions que le More avait lancées à sa fille (car toujours elles sont à craindre, de quelque père que ce soit), qu'au moment où nous étions en pleine mer et à plus

LE CAPTIF. 171

á mi voluntad,	à ma volonté, [rais voulu)
pues aunque quisiera	car quoique *je* voulusse (quand j'au-
no venir con ellos	ne pas venir avec eux
y quedarme en mi casa,	et me-tenir dans ma maison,
me fuera imposible	*cela* me fût (m'eût été) impossible
segun la priesa	selon (à cause de) l'empressement
que mi alma me daba	que mon âme me donnait
á poner por obra	à (de) mettre par (en) œuvre
esta que me parece á mi	cette *chose* qui me paraît à moi
tan buena,	si bonne,
como tú, padre amado,	comme toi, père aimé,
la juzgas por mala. »	*tu* la juges pour (comme) mauvaise.

54. Dijo esto
á tiempo que
ni su padre la oia,
ni nosotros ya le veiamos;
y aşi yo consolando á Zoraida,
atendimos todos
á nuestro viaje,
el cual el viento propio
nos le facilitaba,
de tal manera
que tuvimos bien por cierto
de vernos
otro dia
al amanecer
en las riberas
de España;
mas como pocas veces
ó nunca
el bien viene puro y sencillo
sin ser acompañado ó seguido
de algun mal
que le turbe ó sobresalte,
nuestra ventura quiso,
ó quizá las maldiciones
que el moro habia echado
á su hija,
que siempre se han de temer
de cualquier padre que sean,
quiso, digo,
que ya
estando engolfados,
y tres horas de la noche

54. Elle dit ceci
à temps que (tandis que)
ni son père *ne* l'entendait,
ni nous déjà *ne* le voyions;
et ainsi moi consolant Zoraïde,
nous fûmes-attentifs tous
à notre voyage,
lequel le vent convenable
nous le facilitait,
de telle façon
que *nous* tînmes bien pour certain
de nous-voir
l'autre jour (le lendemain)
au commencer-à-faire-jour (dès le
en (sur) les côtes [point du jour)
d'Espagne;
mais comme peu-de fois
ou jamais
le bien *ne* vient pur et simple
sans être accompagné ou suivi
de quelque mal
qui le trouble ou *l*'assaille,
notre chance voulut,
ou peut-être les malédictions
que le More avait lancées
à sa fille,
qui toujours se doivent craindre
de quelque père qu'*elles* soient,
voulut, dis-*je*,
que déjà
étant parvenus-en-pleine-mer,
et trois heures de la nuit

casi pasadas tres horas de la noche, yendo con la vela tendida de alto abajo, frenillados los remos, porque el próspero viento nos quitaba del trabajo de haberlos menester, con la luz de la luna que claramente resplandecia, vimos cerca de nosotros un bajel redondo, que con todas las velas tendidas, llevando un poco á orza el timon, delante de nosotros atravesaba, y esto tan cerca que nos fué forzoso amainar por no embestirle, y ellos asimismo hicieron fuerza de timon para darnos lugar que pasásemos. Habíanse puesto á bordo del bajel á preguntarnos quién éramos, y adónde navegábamos, y de dónde veníamos; pero por preguntarnos esto en lengua francesca dijo nuestro renegado : « Ninguno responda, porque estos sin duda son cosarios franceses que hacen á toda roba. »

55. Por este advertimiento ninguno respondió palabra, y habiendo pasado un poco delante, que ya el bajel quedaba á sotavento, de improviso soltaron dos piezas de artillería, y á

de trois heures de la nuit, faisant route avec les voiles déployées du haut en bas, les rames au crochet, puisque le bon vent nous dispensait de nous en servir, à la lumière de la lune qui brillait d'un pur éclat nous aperçûmes près de nous un vaisseau rond, qui, toutes voiles dehors, un peu incliné à bâbord, passait devant nous, et si près, que nous fûmes obligés de carguer pour ne pas le heurter, et lui de faire force de timon afin de nous laisser assez de place pour passer. On se mit à nous demander du vaisseau qui nous étions, où nous allions, et d'où nous venions; mais comme ces questions étaient faites en français : « Que personne ne réponde, dit notre renégat; ce sont sans doute des corsaires français qui font main basse sur tout. »

55. D'après cet avertissement, nul ne répondit mot; nous avions pris un peu d'avance, et nous avions laissé le vaisseau sous le vent, quand tout à coup on nous tira deux coups de canon ; il nous

siendo ya casi pasadas,	étant déjà à-peu-près passées,
yendo con la vela	allant avec la voile
tendida de alto abajo,	tendue de haut en-bas,
los ramos frenillados,	les rames suspendues,
porque el viento próspero	parce-que le vent favorable
nos quitaba del trabajo	nous dispensait du travail
de haberlos menester,	de les-avoir (d'en avoir) besoin,
con la luz de la luna	avec la lumière de la lune
que resplandecia claramente,	qui resplendissait clairement,
vimos cerca de nosotros	*nous* vîmes près de nous
un bajel redondo,	un vaisseau rond,
que con todas las velas tendidas,	qui avec toutes les voiles tendues,
llevando un poco	portant un peu
el timon á orza,	le timon à bâbord,
atravesaba delante de nosotros,	traversait en-devant de nous,
y esto tan cerca	et cela si près
que nos fué forzoso	qu'*il* nous fut nécessaire
amainar	*de* carguer
por no embestirle,	pour ne pas le-heurter,
y ellos asimismo	et eux de-même
hicieron fuerza de timon	firent force de timon
para darnos lugar	pour nous-donner place
que pasásemos.	que *nous* passassions (pour passer).
Habianse puesto	*Ils* s'-avaient (s'étaient) mis
á bordo del bajel	à bord du vaisseau
á preguntarnos quién éramos,	à nous-demander qui *nous* étions,
y adónde navegábamos,	et où *nous* naviguions,
y de dónde veníamos;	et d'où *nous* venions;
pero por preguntarnos esto	mais pour nous-demander (comme ceci [ils nous demandaient)
en lengua francesa,	en langue française,
nuestro renegado dijo:	notre renégat dit:
« Ninguno responda,	« *Que* nul *ne* réponde,
porque estos sin duda	parce-que ceux-ci sans doute
son cosarios franceses	sont *des* corsaires français [tout.) »
que hacen á toda roba. »	qui font à toute prise (font prise de
55. Por este advertimiento	55. Par cet avertissement
ninguno respondió palabra,	nul *ne* répondit mot,
y habiendo pasado	et ayant passé
un poco delante,	un peu devant,
que ya el bajel	que déjà le vaisseau
quedaba á sotavento,	restait à (au) dessous-du-vent,
de improviso soltaron	de (à) *l'*improviste *ils* lâchèrent
dos piezas de artillería,	deux pièces d'artillerie,

lo que parecia ambas venian con cadenas, porque con una cortaron nuestro árbol por medio, y dieron con él y con la vela en la mar, y al momento disparando otra pieza vino á dar la bala en mitad de nuestra barca de modo que la abrió toda, sin hacer otro mal alguno; pero como nosotros nos vimos ir á fondo, comenzamos todos á grandes voces á pedir socorro, y á rogar á los del bajel que nos acogiesen, porque nos anegábamos. Amainaron entónces, y echando el esquife ó barca á la mar, entraron en él hasta doce franceses bien armados con sus arcabuces y cuerdas encendidas, y así llegaron junto al nuestro; y viendo cuan pocos éramos, y como el bajel se hundia, nos recogieron, diciendo que por haber usado la descortesía de no respondelles nos habia sucedido aquello. Nuestro renegado tomó el cofre de las riquezas de

sembla que les boulets étaient ramés, car l'un coupa notre mât par le milieu et le fit tomber à la mer avec la voile, et au même moment l'autre pénétra au milieu de notre embarcation de telle sorte qu'il l'ouvrit tout à fait, mais sans faire d'autre mal. Cependant, voyant que nous coulions bas, nous commençâmes à pousser de grands cris pour demander du secours, priant les gens du vaisseau de nous recueillir, sans quoi nous allions nous noyer. Ils carguèrent alors, et mirent le canot à la mer; il y entra une douzaine de Français bien armés avec des arquebuses et les mèches allumées. Ils s'approchèrent ainsi de nous; mais quand ils virent notre petit nombre et que notre vaisseau coulait, ils nous prirent à leur bord, disant que cela nous était arrivé parce que avions eu la malhonnêteté de ne pas leur répondre. Notre renégat

y á lo que parecia	et à ce qui paraissait
ambas venian	toutes-deux venaient (étaient)
con cadenas,	avec des chaînes,
porque con una	parce-que avec une
cortaron nuestro árbol	ils coupèrent notre mât
por medio,	par le milieu,
y dieron con él	et donnèrent avec lui (le firent tom-
y con la vela	et avec la voile (et avec lui la voile) [ber)
en la mar,	dans la mer,
y al momento	et au même moment
disparando otra pieza	tirant une autre pièce
la bala vino á dar	le boulet vint à donner
en mitad de nuestra barca	au milieu de notre barque
de modo que la abrió toda,	de façon qu'il l'ouvrit toute,
sin hacer alguno otro mal;	sans faire quelque autre mal;
pero como nosotros nos vimos	mais comme nous nous vîmes
ir á fondo,	aller à fond,
comenzamos todos	nous commençâmes tous
á grandes voces	à grands cris
á pedir socorro,	à demander secours,
y á rogar á los del bajel	et à prier ceux du vaisseau
que nos acogiesen,	qu'ils nous recueillissent,
porque nos anegábamos.	parce-que nous nous noyions.
Amainaron entónces,	Ils carguèrent alors,
y echando el esquife ó barca	et jetant la chaloupe ou barque
en la mar,	dans (à) la mer,
entraron en él	entrèrent dans elle
hasta doce franceses	jusqu'à douze Français
bien armados	bien armés
con sus arcabuces	avec leurs arquebuses
y cuerdas encendidas,	et mèches allumées,
y así llegaron	et ainsi arrivèrent
junto al nuestro;	près à (de) la nôtre;
y viendo cuan pocos éramos,	et voyant combien peu nous étions,
y como el bajel	et comment le bâtiment
se hundia,	s'enfonçait,
nos recogieron,	ils nous recueillirent,
diciendo que aquello	disant que cela
nos habia sucedido	nous avait (était) arrivé
por haber usado la descortesía	pour avoir employé (eu) l'impoli- [tesse
de no respondelles.	de ne pas leur-répondre.
Nuestro renegado	Notre renégat
tomó el cofre	prit le coffre
de las riquezas de Zoraida,	des richesses de Zoraïde,

Zoraida, y dió con él en la mar sin que ninguno echase de ver en lo que hacia.

56. En resolucion todos pasamos con los franceses, los cuales despues de haberse informado de todo aquello que de nosotros saber quisieron, como si fueran nuestros capitales enemigos, nos despojaron de todo cuanto teníamos, y á Zoraida le quitaron hasta los carcajes que traia en los piés; y aun hasta los vestidos de cautivos nos quitaran, si de algun provecho les fueran; y hubo parecer entre ellos de que á todos nos arrojasen á la mar envueltos en una vela, porque tenian intencion de tratar en algunos puertos de España con nombre de que eran bretones, y si nos llevaban vivos, serian castigados siendo descubierto su hurto; mas el capitan, que era el que habia despojado á mi querida Zoraida, dijo que él se contentaba con la presa que tenia, y que no queria tocar en ningun puerto de España, sino irse luego á camino y pasar

prit le coffret qui contenait les richesses de Zoraïdo et le jeta à la mer sans que personne s'aperçût de ce qu'il faisait.

56. Bref nous passâmes tous sur le vaisseau des Français, et après s'être informés de tout ce qu'ils voulaient savoir de nous, comme si nous eussions été leurs ennemis mortels, ils nous dépouillèrent de tout ce que nous avions, et ôtèrent à Zoraïde jusqu'aux anneaux qu'elle portait aux pieds; et même ils nous auraient pris nos habits de captifs s'ils avaient pu en tirer quelque profit. Quelques-uns d'entre eux furent d'avis de nous envelopper tous dans une voile et de nous jeter à la mer, parce qu'ils avaient l'intention de trafiquer en leur qualité de Bretons dans quelque port d'Espagne, et que s'ils nous emmenaient vivants, la découverte de leur vol les ferait punir; mais le capitaine, qui avait dépouillé lui-même ma chère Zoraïde, dit qu'il se contentait de ce qu'il avait pris, qu'il ne voulait toucher à aucun port d'Espagne, mais suivrait droit

y dió con él	et donna avec lui (le jeta)
en la mar	dans la mer
sin que ninguno	sans que nul
echase de ver	jetât de voir (aperçût rien)
en lo que hacia.	dans ce qu'*il* faisait.
56. En resolucion	56. En définitive
pasamos todos	*nous* passâmes tous
con los franceses,	avec les Français,
los cuales	les quels [formés
despues de haberse informado	ensuite de s'avoir (après s'être) in-
de todo aquello que	de tout ce que
quisieron saber de nosotros,	*ils* voulurent savoir de nous,
como si fueran	comme s'*ils* fussent (eussent été)
nuestros enemigos capitales,	nos ennemis mortels,
nos despojaron	nous dépouillèrent
de todo cuanto teníamos,	de tout ce-que *nous* avions,
y á Zoraida	et à Zoraïde
le quitaron hasta los carcajes,	lui ôtèrent jusqu'aux anneaux
que traia en los piés;	qu'*elle* portait dans les pieds;
y aun	et même
nos quitaran	*ils* nous enlevassent (eussent pris)
hasta los vestidos de cautivos,	jusqu'aux habits de captifs,
si les fueran	s'*ils* leur fussent (eussent été)
de algun provecho;	de quelque profit;
y hubo parecer entre ellos	et il y eut avis entre eux
de que arrojasen	de *ce* qu'*ils* jetassent
á nos todos á la mar	nous tous à la mer
envueltos en una vela,	enveloppés dans une voile,
porque tenian intencion	parce-qu'*ils* avaient intention
de tratar	de trafiquer
en algunos puertos de España	dans quelques ports d'Espagne
con nombre	avec nom (sous prétexte)
de que eran bretones,	de *ce* qu'*ils* étaient Bretons,
y si nos llevaban vivos,	et s'*ils* nous emmenaient vivants,
serian castigados	*ils* seraient punis
su hurto siendo descubierto;	leur vol étant découvert;
mas el capitan,	mais le capitaine,
que era el que habia despojado	qui était celui qui avait dépouillé
á mi querida Zoraida,	ma chère Zoraïde,
dijo que él se contentaba	dit qu'il se contentait
con la presa que tenia,	avec la prise qu'*il* avait,
y que no queria tocar	et qu'*il* ne voulait toucher
en ningun puerto de España,	dans aucun port d'Espagne,
sino irse á camino	mais s'*en*-aller à (continuer) *sa* route

el estrecho de Gibraltar de noche ó como pudiese, hasta la Rochela, de donde habia salido; y así tomaron por acuerdo de darnos el esquife de su navío, y todo lo necesario para la corta navegacion que nos quedaba, como lo hicieron otro dia ya á vista de tierra de España, con la cual vista y alegría todas nuestras pesadumbres y pobrezas se nos olvidaron de todo punto, como si propiamente no hubieran pasado por nosotros : tanto es el gusto de alcanzar la libertad perdida.

57. Cerca de medio dia podria ser cuando nos echaron en la barca, dándonos dos barriles de agua y algun bizcocho; y el capitan, movido no sé de qué misericordia, al embarcarse la hermosísima Zoraida, le dió hasta cuarenta escudos de oro, y no consintió que le quitasen sus soldados estos mismos vestidos que ahora tiene puestos. Entramos en el bajel, di-

sa route, passerait le détroit de Gibraltar de nuit où comme il pourrait, et rentrerait à la Rochelle d'où il était parti. Ils résolurent donc de nous donner la chaloupe de leur vaisseau avec tout ce qui était nécessaire pour la courte navigation qui nous restait. C'est ce qu'ils firent en effet le lendemain en vue des côtes d'Espagne, et l'allégresse que nous causa cet aspect effaça complétement tous nos ennuis et toutes nos misères, comme si véritablement ce n'eût pas été nous qui les avions essuyés : tant est grand le bonheur de recouvrer la liberté perdue !

57. Il pouvait être midi quand ils nous mirent dans la chaloupe en nous donnant deux barils d'eau et un peu de biscuit. Le capitaine, ému de je ne sais quelle pitié, au moment où s'embarqua la belle Zoraïde, lui donna quarante écus d'or, et ne consentit pas que ses hommes lui ôtassent ces mêmes habits qu'elle porte aujour-

luego	sur-le-champ
y pasar el estrecho de Gibraltar	et passer le détroit de Gibraltar
de noche	de nuit
ó como pudiese,	ou comme *il* pût (pourrait),
hasta la Rochela,	jusqu'*à* la Rochelle,
de donde habia salido ;	d'où *il* avait (était) sorti ;
y así tomaron por acuerdo	et ainsi *ils* prirent pour résolution
de darnos el esquife	de nous-donner la chaloupe
de su navío,	de leur navire,
y todo lo necesario	et tout le nécessaire
para la corta navegacion	pour la courte navigation
que nos quedaba,	qui nous restait,
como lo hicieron	comme *ils* le firent
otro dia	*l*'autre jour (le lendemain)
ya á vista	déjà à (en) vue
de tierra de España,	de *la* terre d'Espagne,
con la cual vista y alegria	avec la quelle vue et allégresse
todas nuestras pesadumbres	tous nos ennuis
y pobrezas	et misères [de nous)
se nos olvidaron	se nous oublièrent (furent oubliés
de todo punto,	de tout point (entièrement),
como si propiamente	comme si proprement
no hubieran pasado	*ils* n'eussent pas passé
por nosotros :	par nous :
tanto es el gusto	si-grand est le plaisir
de alcanzar la libertad perdida.	de recouvrer la liberté perdue.
57. Podria ser	57. *Il* pourrait (pouvait) être
cerca de medio dia	près de (du) milieu-du jour
cuando nos echaron	quand *ils* nous jetèrent
en la barca,	dans la barque,
dándonos	en-nous-donnant
dos barriles de agua	deux barils d'eau
y algun bizcocho ;	et quelque (un peu de) biscuit,
y el capitan,	et le capitaine ;
movido	mû
no sé de qué misericordia,	*je* ne sais de quelle pitié,
al embarcarse	au s'-embarquer (au moment où
la hermosisima Zoraida,	la très-belle Zoraïde, [s'embarquait)
le dió	lui donna
hasta cuarenta escudos de oro,	jusqu'*à* quarante écus d'or,
y no consintió	et ne consentit pas
que sus soldados le quitasen	que ses soldats lui ôtassent
estos mistos vestidos	ces mêmes vêtements
que ahora tiene puestos.	que maintenant *elle* a mis.

180   EL CAUTIVO.

mosles las gracias por el bien que nos hacian, mostrándonos mas agradecidos que quejosos : ellos se hicieron á lo largo siguiendo la derrota del estrecho : nosotros sin mirar á otro norte que á la tierra que se nos mostraba delante, nos dímos tanta priesa á bogar, que al poner del sol estábamos tan cerca, que bien pudiéramos, á nuestro parecer, llegar antes que fuera muy de noche; pero por no parecer en aquella noche la luna, y el cielo mostrarse escuro, y por ignorar el paraje en que estábamos, no nos pareció cosa segura embestir en tierra, como á muchos de nosotros les parecia, diciendo que diésemos en ella, aunque fuese en unas peñas y léjos de poblado, porque así aseguraríamos el temor que de razon se

d'hui. Nous entrâmes dans l'embarcation ; nous leur rendîmes grâce pour le bien qu'ils nous faisaient, montrant plus de reconnaissance que de rancune. Ils prirent le large en suivant la direction du détroit; pour nous, sans consulter d'autre boussole que la terre qui se montrait à l'avant, nous ramâmes avec tant d'ardeur qu'au coucher du soleil nous étions assez près, à ce qu'il nous sembla, pour pouvoir aborder avant que la nuit fût avancée. Mais comme la lune ne se montrait pas cette nuit-là, que le ciel était sombre, et que nous ne savions pas en quel parage nous nous trouvions, il nous parut peu sûr de prendre terre. Cependant plusieurs de nous étaient d'avis d'aborder, fût-ce sur des rochers et loin de tout endroit habité, parce qu'ainsi nous nous mettrions à l'abri de la crainte que nous devions avoir qu'il ne vînt à passer des

LE CAPTIF.

Entramos en el **bajel**,	*Nous* entrâmes dans le bâtiment,
dimosles	*nous* leur-donnâmes (fîmes)
las gracias	les remerciements
por el bien que nos hacian,	pour le bien qu'*ils* nous faisaient,
mostrándonos mas agradecidos	nous-montrant plus reconnaissants
que quejosos :	que mécontents :
ellos se hicieron á lo largo	ils se firent au (prirent le) large
siguiendo la derrota	en-suivant la direction
del estrecho :	du détroit :
nosotros sin mirar	nous sans regarder
á otro norte	à autre étoile-polaire
que á la tierra	qu'à la terre [nous)
que se nos mostraba	qui se nous montrait (se montrait à
delante,	de-l'avant,
nos dimos tanta priesa	*nous* nous donnâmes tant-d'activité
á bogar,	à ramer,
que al poner del sol	que au coucher du soleil
estábamos tan cerca,	*nous* étions si près,
que, á nuestro parecer,	que, à notre avis,
pudiéramos bien	nous pussions bien (aurions bien pu)
llegar	arriver
antes que fuera	avant qu'*il* fût [cée de la nuit);
muy de noche;	beaucoup de nuit (une heure avan-
pero por la luna	mais pour (parce que) la lune
no parecer	ne pas paraître (ne paraissait pas)
en aquella noche,	dans cette nuit-là,
y el cielo	et le ciel (et que le ciel)
mostrarse escuro,	se-montrer (se montrait) obscur,
y por ignorar	et pour ignorer (parce que nous
el paraje	le parage [ignorions)
en que estábamos,	dans lequel *nous* étions,
no nos pareció cosa segura	*il* ne nous parut pas chose sûre
embestir en tierra,	d'aborder en (de prendre) terre,
como les parecia	comme *il* leur paraissait
á muchos de nosotros,	à beaucoup de nous,
diciendo	en-disant (qui disaient) [dassions],
que diésemos en ella,	que nous donnassions en elle (abor-
aunque fuese	quoique *ce* fût (quand ce serait)
en unas peñas	en (sur) des rochers
y léjos de poblado,	et loin d'habitation,
porque así	parce-que ainsi
aseguraríamos el temor	*nous* rassurerions la crainte
que de razon	que *comme* de raison
se debia tener,	on devait avoir,

debia tener que por allí anduviesen bajeles de cosarios de Tetuan, los cuales anochecen en Berbería, y amanecen en las costas de España, y hacen de ordinario presa, y se vuelven á dormir á sus casas; pero de los contrarios pareceres, el que se tomó fué que nos llegásemos poco á poco, y que si el sosiego del mar lo concediese, desembarcásemos donde pudiésemos.

58. Hízose así, y poco antes de la media noche seria cuando llegamos al pié de una disformísima y alta montaña, no tan junto al mar, que no concediese un poco de espacio para poder desembarcar cómodamente. Embestimos en la arena, salimos todos á tierra, y besamos el suelo, y con lágrimas de muy alegrísimo contento dímos todos gracias á Dios Señor nuestro por el bien tan incomparable que nos habia hecho en nuestro viaje : sacamos de la barca los bastimentos que tenia, tirámosla en tierra, y subimos un grandísimo trecho en la

vaisseaux corsaires de Tétouan, lesquels partent de Barbarie à l'entrée de la nuit, arrivent au point du jour sur les côtes d'Espagne, font d'ordinaire quelque prise, et s'en retournent coucher chez eux. Entre ces deux opinions contraires, nous prîmes résolution d'approcher peu à peu, et si le calme de la mer le permettait, de débarquer où nous pourrions.

58. Nous fîmes ainsi, et un peu avant le milieu de la nuit nous arrivâmes au pied d'une énorme et haute montagne, pas assez proche cependant de la mer qu'il n'y eût un peu d'espace pour débarquer commodément. Nous nous échouâmes sur le sable, nous sautâmes tous à terre, nous baisâmes le sol, et en versant des larmes de joie et d'allégresse, tous nous rendîmes grâce à Dieu notre Seigneur du bien incomparable qu'il nous avait fait pendant notre voyage. Nous enlevâmes de la chaloupe les provisions qu'elle contenait, nous la tirâmes à terre, et nous gravîmes une grande

que anduviesen por allí	qu'allassent par là
bajeles	des vaisseaux
de cosarios de Tetuan,	de corsaires de Tétouan,
los cuales anochecen	les quels sont-à-l'entrée-de-la-nuit
en Berbería,	en Barbarie,
y amanecen	et sont-au-point-du-jour
en las costas de España,	dans (sur) les côtes d'Espagne,
y hacen de ordinario presa,	et font d'ordinaire *quelque* prise,
y se vuelven á dormir	et s'*en*-retournent à (pour) coucher
á sus casas;	à leurs maisons;
pero de los pareceres contrarios	mais des avis contraires
el que se tomó	celui qu'on prit
fué que nos llegásemos	fut que *nous* nous approchassions
poco á poco,	peu à peu,
y que si el sosiego del mar	et que si le calme de la mer
lo concediese,	le permît (le permettait),
desembarcásemos	*nous* débarquassions
donde pudiésemos.	où *nous* pussions (pourrions).
58. Hízose así,	58. *Il* se-fit ainsi,
y sería	et *il* serait (pouvait être)
poco antes	un peu avant
de la media noche,	du (le) milieu-de la nuit,
cuando llegamos	quand *nous* arrivâmes
al pié de una montaña	au pied d'une montagne
disformísima y alta,	très-grande et haute,
no tan junto al mar	pas si près de (à) la mer,
que no concediese	qu'*elle* ne laissât pas
un poco de espacio	un peu d'espace
para poder desembarcar	pour pouvoir débarquer
cómodamente.	commodément.
Embestimos en la arena,	*Nous* échouâmes dans le sable,
salimos todos á tierra,	*nous* sautâmes tous à terre,
y besamos el suelo,	et baisâmes le sol,
y con lágrimas	et avec larmes
de contento muy alegrísimo	de contentement fort très-joyeux
dimos todos gracias	*nous* donnâmes (rendîmes) tous
á Dios nuestro Señor	à Dieu notre Seigneur [grâces
por el bien tan incomparable	pour le bien si incomparable
que nos había hecho	qu'*il* nous avait fait
en nuestro viaje :	dans notre voyage :
sacamos de la barca	*nous* tirâmes de la barque
los bastimentos que tenía,	les provisions qu'*elle* avait,
tirámosla en tierra,	*nous* la tirâmes en (à) terre,
y subimos	et *nous* montâmes

montaña, porque aun allí estábamos, y aun no podíamos asegurar pecho, ni acabábamos de creer que era tierra de cristianos la que ya nos sostenia.

59. Amaneció mas tarde á mi parecer de lo que quisiéramos : acabamos de subir toda la montaña por ver si desde allí algun poblado se descubria ó algunas cabañas de pastores; pero aunque mas tendimos la vista, ni poblado, ni persona, ni senda, ni camino descubrimos. Con todo esto determinamos de entrarnos la tierra adentro, pues no podria ser ménos sino que presto descubriésemos quien nos diese noticia della; pero lo que á mí mas me fatigaba era el ver ir á pié á Zoraida por aquellas asperezas, que puesto que alguna vez la puse sobre mis hombros, mas le cansaba á ella mi cansancio que la reposaba su reposo, y así nunca mas quiso que yo

partie de la montagne; car, bien que nous fussions là, nous ne pouvions encore rassurer nos cœurs ni achever de croire que c'était bien une terre chrétienne qui nous portait.

59. Le jour parut plus tard que nous ne l'aurions souhaité; nous achevâmes de gravir la montagne pour voir si du sommet nous découvririons quelque village ou quelques cabanes de berger; mais nous eûmes beau porter notre vue le plus loin possible, nous n'aperçumes ni habitations ni êtres vivants ni sentiers ni chemins. Nous résolûmes donc d'aller plus avant dans le pays, car nous ne pouvions manquer d'apercevoir bientôt quelqu'un pour nous renseigner; mais ce qui me fatiguait le plus était de voir Zoraïde marcher à pied à travers ces âpres terrains; plus d'une fois je la pris sur mes épaules, mais ma fatigue la fatiguait plus que son repos ne la reposait : aussi ne voulut-elle plus que je me donnasse

un grandísimo trecho	un très-grand espace
en la montaña,	en (sur) la montagne,
porque aun estábamos allí,	parce-que même *nous* étions là,
y aun no podíamos	et cependant *nous* ne pouvions pas
asegurar pecho,	rassurer *notre* cœur,
ni acabábamos de creer	ni *n*'achevions de croire
que era tierra de cristianos	que *c*'était terre de chrétiens
la que ya nos sostenia.	celle qui déjà nous portait.
59. Amaneció	59. Il-fit-jour
á mi parecer	à mon avis
mas tarde	plus tard [nous n'eussions voulu] :
de lo que quisiéramos :	de ce que *nous* voulussions (que
acabamos de subir	*nous* achevâmes de gravir
toda la montaña	toute la montagne
por ver si desde allí	pour voir si depuis là
algun poblado	quelque endroit-habité
se descubria	se découvrait
ó algunas cabañas de pastores ;	ou quelques cabanes de pâtres;
pero aunque	mais quoique
tendimos mas	*nous* étendîmes (étendissions) da-
la vista,	la vue, [vantage
descubrimos	*nous ne* découvrîmes
ni poblado,	ni endroit-habité,
ni persona, ni senda, ni camino.	ni personne, ni sentier, ni chemin.
Con todo esto	Avec tout ceci (toutefois)
determinamos	*nous* résolûmes
de entrarnos la tierra	de pénétrer *dans* le pays
adentro,	dans-l'intérieur,
pues no podria ser ménos	car *il* ne pouvait être (arriver) moins
sino que descubriésemos presto	sinon que *nous* découvrissions vite
quien nos diese	*quelqu'un* qui nous donnât
noticia della;	renseignement de-lui (sur le pays);
pero	mais
lo que me fatigaba mas á mí	ce qui me tourmentait *le* plus moi
era el ver á Zoraida	était le (de) voir Zoraïde
ir á pié	aller à pied
por aquellas asperezas,	par ces aspérités,
que puesto que alguna vez	car bien que quelque fois
la puse sobre mis hombros,	*je* la mis (misse) sur mes épaules,
mi cansancio	ma fatigue
la cansaba mas á ella	la fatiguait plus elle
que su reposo la reposaba,	que son repos *ne* la reposait,
y así nunca mas quiso	et ainsi jamais plus *elle ne* voulut
que yo tomase aquel trabajo;	que je prisse cette peine;

aquel trabajo tomase; y con mucha paciencia y muestras de alegría, llevándola yo siempre de la mano, poco ménos de un cuarto de legua debíamos de haber andado cuando llegó á nuestros oidos el son de una pequeña esquila, señal clara que por allí cerca habia ganado; y mirando todos con atencion si alguno se parecia, vimos al pié de un alcornoque un pastor mozo, que con grande reposo y descuido estaba labrando un palo con un cuchillo. Dímos voces, y él alzando la cabeza se puso ligeramente en pié, y á lo que despues supimos, los primeros que á la vista se le ofrecieron fueron el renegado y Zoraida, y como él los vió en hábito de moros, pensó que todos los de la Berbería estaban sobre él, y metiéndose con extraña ligereza por el bosque adelante, comenzó á dar los mayores gritos del mundo diciendo : « Moros, moros hay en la tierra : moros, moros, arma, arma. »

cette peine; mais montrant beaucoup de patience et de gaieté, elle avançait toujours soutenue par ma main. Nous devions avoir fait un peu moins d'un quart de lieue, quand arriva à nos oreilles le son d'une petite clochette, signe certain qu'il y avait un troupeau dans le voisinage. Regardant tous avec attention si quelqu'un paraissait, nous aperçûmes au pied d'un liége un jeune pâtre qui en plein repos et tout insouciant taillait un bâton avec son couteau. Nous l'appelâmes, et lui, relevant la tête, se mit lestement sur ses pieds; à ce que nous sûmes plus tard, les premiers qui s'étaient offerts à son regard étaient le renégat et Zoraïde; comme il les vit en habit de Mores, il supposa que tous les habitants de la Barbarie étaient à ses trousses, et s'élançant avec une vitesse extraordinaire à travers le bois, il se mit à jeter des cris de l'autre monde : « Aux Mores! les Mores sont dans le pays! aux Mores! aux Mores! aux armes! aux armes! »

y con mucha paciencia	et avec beaucoup-de patience
y muestras de alegría,	et démonstrations de joie,
yo llevándola siempre	moi la-soutenant toujours
de la mano,	de (par) la main,
debiamos de haber andado	*nous* devions d'avoir (devions avoir) [fait
poco ménos	un peu moins
de un cuarto de legua	d'un quart de lieue
cuando llegó á nuestros oidos	quand arriva à nos oreilles
el son de una pequeña esquila,	le son d'une petite clochette,
señal clara	signe clair (évident)
que por allí cerca	que par là auprès
habia ganado;	il y avait *un* troupeau;
y mirando todos con atencion	et regardant tous avec attention
si alguno se parecia,	si quelqu'un se montrait,
vimos al pié de un alcornoque	*nous* vîmes au pied d'un liége
un mozo pastor,	un garçon pâtre,
que con grande reposo	qui avec grand repos
y descuido	et insouciance
estaba labrando un palo	était travaillant un bâton
con un cuchillo.	avec un couteau. [cris,
Dimos voces,	*Nous* donnâmes (poussâmes) *des*
y él alzando la cabeza	et lui levant la tête
se puso ligeramente	se mit lestement
en pié,	en pied (sur ses pieds),
y á lo que supimos despues,	et à ce que *nous* sûmes depuis,
los primeros	les premiers
que se le ofrecieron	qui se lui offrirent (s'offrirent à lui)
á la vista	à la vue
fueron el renegado y Zoraida,	furent le renégat et Zoraïde,
y como él los vió	et comme il les vit
en hábito de moros,	en habit de Mores,
pensó	*il* pensa
que todos los de la Berbería	que tous ceux de la Barbarie
estaban sobre él,	étaient sur lui,
y metiéndose	et se-fourrant (s'élançant)
con extraña ligereza	avec *une* extraordinaire légèreté
por el bosque adelante,	par le bois en-avant,
comenzó á dar	*il* commença à donner (jeter)
los mayores gritos del mundo	les plus-grands cris du monde
diciendo :	en-disant :
« Moros, hay moros	« *Des* Mores, il y a *des* Mores
en la tierra :	dans le pays :
moros, moros,	*des* Mores, *des* Mores,
arma, arma. »	*aux* armes, *aux* armes.

60. Con estas voces quedamos todos confusos, y no sabíamos qué hacernos; pero considerando que las voces del pastor habian de alborotar la tierra, y que la caballería de la costa habia de venir luego á ver lo que era, acordamos que el renegado se desnudase las ropas de turco y se vistiese un jileco ó casaca de cautivo, que uno de nosotros le dió luego, aunque se quedó en camisa; y así encomendándonos á Dios, fuimos por el mismo camino que vimos que el pastor llevaba, esperando siempre cuando habia de dar sobre nosotros la caballería de la costa; y no nos engañó nuestro pensamiento, porque aun no habrian pasado dos horas cuando, habiendo ya salido de aquellas malezas á un llano, descubrimos hasta cincuenta caballeros que con gran ligereza corriendo á media

60. A ces cris nous restâmes tous déconcertés et ne sachant que faire; mais réfléchissant que l'alarme donnée par le pâtre allait ameuter tout le pays, et que la cavalerie de la côte allait bientôt venir pour voir ce que c'était, nous fîmes quitter au renégat ses habillements turcs pour mettre une veste ou casaque de captif qu'un des nôtres lui donna, restant lui-même en manches de chemise; puis nous recommandant à Dieu, nous prîmes le même chemin que nous avions vu prendre au pâtre, attendant toujours le moment où la cavalerie de la côte viendrait fondre sur nous. Notre calcul ne nous avait pas trompés. Deux heures à peine s'étaient écoulées et nous venions de déboucher des broussailles dans la plaine, quand nous découvrîmes une cinquantaine de cavaliers qui, d'une course

60. Con estas voces	60. Avec (à) ces cris
quedamos todos confusos,	*nous* restâmes tous déconcertés,
y no sabíamos	et ne savions pas [faire);
qué hacernos ;	quoi nous-faire (ce que nous devions
pero considerando	mais considérant
que las voces del pastor	que les cris du pâtre [lever
habian de alborotar	avaient *nécessité* de (allaient) sou-
la tierra,	le pays,
y que la caballería	et que la cavalerie
de la costa	de la côte
habia de venir	avait *nécessité* de (allait) venir
luego	aussitôt
á ver lo que era,	à (pour) voir ce que *c'*était,
acordamos	*nous* décidâmes
que el renegado se desnudase	que le renégat s'ôtât
las ropas de turco	les habits de Turc
y se vistiese	et se mît
un jileco ó casaca de cautivo,	une veste ou casaque de captif,
que uno de nosotros	qu'un de nous
le dió luego,	lui donna aussitôt,
aunque se quedó	bien qu'*il* se tint (restât)
en camisa ;	en chemise;
y asi	et ainsi
encomendándonos á Dios,	en-nous-recommandant à Dieu
fuimos por el mismo camino	*nous* allâmes par le même chemin
que vimos	que *nous* vîmes
que el pastor llevaba,	que le pâtre prenait,
esperando siempre	attendant toujours
cuando la caballería de la costa	quand la cavalerie de la côte
habia de dar	avait *nécessité* de (allait) donner
sobre nosotros;	sur nous ;
y nuestro pensamiento	et notre pensée
no nos engañó,	ne nous trompa pas,
porque aun dos horas	parce-que même deux heures
no habrian pasado,	n'auraient pas passé (ne devaient
cuando,	quand, [pas avoir passé),
habiendo ya salido	ayant déjà sorti (passé)
de aquellas malezas	de ces broussailles
á un llano,	à une plaine,
descubrimos	*nous* découvrîmes
hasta cincuenta caballeros	jusqu'*à* cinquante cavaliers
que corriendo	qui en-courant
con gran ligereza	avec grande vitesse
á media rienda	à demi rêne (au petit galop)

rienda á nosotros se venian : y así como los vimos, nos estuvimos quedos aguardándolos; pero como ellos llegaron y vieron en lugar de los moros que buscaban, tanto pobre cristiano, quedaron confusos, y uno de ellos nos preguntó si éramos nosotros acaso la ocasion por que un pastor habia apellidado arma. « Si, » dije yo, y queriendo comenzar á decirle mi suceso, y de donde veníamos, y quien éramos, uno de los cristianos que con nosotros venian conoció al jinete que nos habia hecho la pregunta, y dijo, sin dejarme á mí decir mas palabra : « Gracias sean dadas á Dios, señores, que á tan buena parte nos ha conducido, porque si yo no me engaño, la tierra que pisamos es la de Velez Málaga[1] : si ya los años de mi cautiverio no me han quitado de la memoria

légère s'en venaient au petit galop vers nous. Dès que nous les vîmes, nous fîmes halte pour les attendre. Quand ils furent arrivés et qu'au lieu des Mores qu'ils cherchaient ils trouvèrent tant de pauvres chrétiens, ils demeurèrent tout surpris, et l'un d'eux nous demanda si c'étaient nous par hasard qui étions cause qu'un pâtre avait appelé aux armes. « Oui, » dis-je, et je voulais commencer à lui raconter mon aventure, d'où nous venions, qui nous étions, quand un des chrétiens qui nous accompagnaient reconnut le cavalier qui avait fait la question, et sans me laisser prononcer une parole de plus, s'écria : « Grâces soient rendues à Dieu, seigneurs, qui nous a conduits en si bon lieu; car si je ne me trompe, la terre que nous foulons est celle de Velez-Malaga, à moins que mes années de captivité ne m'aient fait perdre la mémoire jusqu'à ne pas me rappeler que vous, seigneur, vous qui

se venian á nosotros :	s'*en* venaient à nous :
y así como	et ainsi comme (dès que)
los vimos,	*nous* les vîmes,
nos estuvimos quedos	nous fûmes (restâmes) tranquilles
aguardándolos;	en-les-attendant ;
pero como ellos llegaron	mais comme ils arrivèrent
y vieron	et virent
en lugar de los moros	en place des Mores
que buscaban,	qu'ils cherchaient,
tanto pobre cristiano,	tant-de pauvres chrétiens,
quedaron confusos,	*ils* demeurèrent surpris,
y uno de ellos	et un d'eux
nos preguntó	nous demanda
si éramos nosotros	si *nous* étions nous
acaso	par-hasard
la ocasion por que	l'occasion pour laquelle
un pastor	un pâtre
habia apellidado arma.	avait appelé *aux* armes.
« Sí, » dije yo,	« Oui, » dis-je,
y queriendo comenzar	et voulant commencer
á decirle mi suceso,	à lui-dire mon aventure,
y de donde veníamos,	et d'où *nous* venions,
y quien éramos,	et qui *nous* étions,
uno de los cristianos	un des chrétiens
que venian con nosotros	qui venaient avec nous
conoció al jinete	reconnut le cavalier
que nos habia hecho	qui nous avait fait
la pregunta,	la demande,
y dijo,	et dit,
sin dejarme á mí	sans me-laisser moi
decir mas palabra :	dire plus-de parole (paroles) :
« Gracias sean dadas	« Grâces soient données (rendues)
á Dios,	à Dieu,
señores,	seigneurs,
que nos ha conducido	qui nous a conduits
á tan buena parte,	à *un* si bon endroit,
porque si yo no me engaño,	parce-que si je ne me trompe pas,
la tierra que pisamos	la terre que *nous* foulons
es la de Velez Málaga :	est celle de Velez-Malaga :
si ya los años	si déjà les années
de mi cautiverio	de ma captivité
no me han quitado	ne m'ont pas ôté
de la memoria	de la mémoire
el acordarme	le me-rappeler (le souvenir)

el acordarme que vos, señor, que nos preguntais quién somos, sois Pedro de Bustamente tio mio. »

61. Apenas hubo dicho esto el cristiano cautivo, cuando el jinete se arrojó del caballo, y vino á abrazar al mozo diciéndole : « Sobrino de mi alma y de mi vida, ya te conozco, y ya te he llorado por muerto yo y mi hermana tu madre, y todos los tuyos, que aun viven, y Dios ha sido servido de darles vida para que gozen el placer de verte : ya sabíamos que estabas en Argel, y por las señales y muestras de tus vestidos, y la de todos los desta compañía, comprendo que habeis tenido milagrosa libertad. — Así es, respondió el mozo, y tiempo nos quedará para contároslo todo. »

62. Luego que los jinetes entendieron que éramos cristianos cautivos, se apearon de sus caballos, y cada uno nos

nous demandez qui nous sommes, vous êtes Pedro de Bustamente, mon oncle. »

61. A peine le captif chrétien avait-il prononcé ces mots, que le cavalier sauta à bas de son cheval et vint embrasser le jeune homme : « Neveu de mon âme et de ma vie, s'écria-t-il, je te reconnais, toi que nous avions pleuré comme mort, moi, ma sœur, ta mère, et tous les tiens ; ils sont encore vivants, et Dieu a bien voulu les conserver pour jouir du bonheur de te voir. Nous savions depuis peu que tu étais à Alger, et tes vêtements comme ceux de toute la compagnie me donnent assez clairement à comprendre que vous avez miraculeusement recouvré la liberté. — C'est vrai, répondit le jeune homme, et nous aurons assez de temps pour vous raconter tout cela. »

62. Aussitôt que les cavaliers eurent entendu que nous étions des chrétiens captifs, ils mirent pied à terre, et chacun d'eux nous

que vos, señor,	que vous, seigneur,
que nos preguntais	qui nous demandez
quién somos,	qui *nous* sommes,
sois Pedro de Bustamente,	êtes Pédro de Bustamente,
tio mio. »	oncle mien (mon oncle). »

61. Apenas
el cristiano cautivo
hubo dicho esto,
cuando el jinete
se arrojó del caballo,
y vino á abrazar al mozo
diciéndole :
« Sobrino de mi alma
y de mi vida,
ya te conozco,
y ya te he llorado
por muerto
yo y mi hermana tu madre,
y todos los tuyos,
que viven aun,
y Dios ha sido servido
de darles vida
para que gozen el placer
de verte :
ya sabíamos
que estabas en Argel,
y por las señales y muestras
de tus vestidos,
y la de todos los
desta compañia
comprendo
que habeis tenido
milagrosa libertad.
— Es asi,
respondió el mozo,
y tiempo nos quedará
para contároslo todo. »
62. Luego que los jinetes
entendieron
que éramos
cristianos cautivos,
se apearon
de sus caballos,
y cada uno

61. A-peine
le chrétien captif
eut dit cela,
quand (que) le cavalier
se jeta-à-bas du cheval,
et vint à (pour) embrasser le garçon
en-lui-disant :
« Neveu de mon âme
et de ma vie,
déjà *je* te reconnais,
et déjà *je* t'ai pleuré
pour mort
moi et ma sœur ta mère,
et tous les tiens,
qui vivent encore, [agréable)
et Dieu a été content (a eu pour
de leur-donner vie
pour qu'*ils* jouissent le (du) plaisir
de te-voir :
déjà *nous* savions
que *tu* étais en (à) Alger,
et par les signes et marques
de tes vêtements,
et celle de tous ceux
de cette compagnie
je comprends
que *vous* avez eu
miraculeuse liberté.
— *Il* est ainsi,
répondit le garçon,
et *du* temps nous restera
pour vous-le-conter tout. »
62. Aussitôt que les cavaliers
entendirent
que *nous* étions
des chrétiens captifs
ils se démontèrent (ils descendirent)
de leurs chevaux,
et chaque un (chacun)

convidaba con el suyo para llevarnos á la ciudad de Velez Málaga, que legua y media de allí estaba. Algunos dellos volvieron á llevar la barca á la ciudad, diciéndoles donde la habíamos dejado; otros nos subieron á las ancas, y Zoraida fué en las del caballo del tio del cristiano. Saliónos á recibir todo el pueblo, que ya de alguno que se habia adelantado sabian la nueva de nuestra venida. No se admiraban de ver cautivos libres, ni moros cautivos, porque toda la gente de aquella costa está hecha á ver á los unos y á los otros; pero admirábanse de la hermosura de Zoraida, la cual en aquel instante y sazon estaba en su punto, ansí con el cansancio del camino, como con la alegría de verse ya en tierra de cristianos, sin sobresalto de perderse, y esto le habia sacado al

offrit son cheval pour nous conduire à la ville de Velez-Malaga, qui était à une lieue et demie. Quelques-uns d'entre eux se détachèrent pour porter la barque à la ville, car nous leur dîmes où nous l'avions laissée; les autres nous prirent en croupe, et Zoraïde monta derrière l'oncle du chrétien. Toute la population sortit pour nous recevoir; on savait la nouvelle de notre arrivée par quelqu'un qui avait pris les devants. On ne s'étonnait pas de voir des captifs libres ni des Mores captifs, parce que tout le monde sur cette côte était fait à voir des uns et des autres; mais on admirait la beauté de Zoraïde qui était en ce moment dans tout son éclat augmenté encore par la fatigue du chemin et par la joie de se voir désormais en pays chrétien sans crainte de périr; cela lui

nos convidaba	nous invitait
con el suyo	avec le sien (à prendre le sien)
para llevarnos	pour nous-mener
á la ciudad de Velez Málaga,	à la ville de Velez Malaga,
que estaba legua y media	qui était *à une* lieue et demie
de allí.	de là.
Algunos dellos	Quelques-uns d'-eux
volvieron	retournèrent
á llevar la barca	à (pour) porter la barque
á la ciudad,	à la ville, [eûmes dit)
diciéndoles	en-leur-disant (quand nous leur
donde la habíamos dejado;	où *nous* l'avions laissée;
otros	d'autres
nos subieron	nous montèrent (nous firent monter)
á las ancas,	aux croupes (en croupe),
y Zoraida	et Zoraïde
fué en las	fut en celles (sur la croupe)
del caballo	du cheval
del tio del cristiano.	de l'oncle du chrétien.
Todo el pueblo	Toute la population [recevoir,
salíónos á recibir,	nous-sortit à (sortit pour nous)
que ya sabian	car déjà *ils* savaient
de alguno	de quelqu'un
que se habia adelantado	qui s'avait (s'en était) allé-en-avant
la nueva	la nouvelle
de nuestra venida.	de notre venue.
No se admiraban	*Ils* ne s'étonnaient pas
de ver cautivos libres,	de voir *des* captifs libres,
ni moros cautivos,	ni *des* Mores captifs,
porque toda la gente	parce-que tout le monde
de aquella costa	de cette côte
está hecha á ver	est fait à voir
á los unos y á los otros;	les uns et les autres;
pero admirábanse	mais *ils* s'-étonnaient
de la hermosura de Zoraida,	de la beauté de Zoraïde,
la cual	la quelle
en aquel instante y sazon	dans ce moment et *cette* saison
estaba en su punto,	était en son point,
ansí con el cansancio	ainsi avec (autant par) la fatigue
del camino	du chemin
como con la alegría	comme avec (que par) la joie
de verse ya	de se-voir déjà
en tierra de cristianos,	en terre de chrétiens,
sin sobresalto de perderse,	sans crainte de se-perdre,

rostro tales colores, que si no es que la afición entónces me engañaba, osara decir que mas hermosa criatura no habia en el mundo, á lo ménos que yo la hubiese visto. Fuimos derechos á la iglesia á dar gracias á Dios por la merced recibida, y así como en ella entró Zoraida, dijo que allí habia rostros que se parecian á los de Lela Márien. Dijímosle que eran imágenes suyas, y como mejor se pudo le dió el renegado á entender lo que significaban, para que ella las adorase como si verdaderamente fueran cada una de ellas la misma Lela Márien que la habia hablado. Ella que tiene buen entendimiento y un natural fácil y claro, entendió luego cuanto acerca de las imágenes se le dijo. Desde allí nos llevaron y repartieron á todos en diferentes casas del pueblo ; pero al

avait fait monter au visage de telles couleurs, que si mon affection pour elle ne me trompait point, j'aurais osé dire qu'il n'y avait pas au monde une plus belle créature, au moins n'en avais-je pas vu. Nous allâmes tout droit à l'église remercier Dieu de la grâce qu'il nous avait faite. Zoraïde en y entrant dit qu'il y avait là des figures qui ressemblaient à celle de Lella Marien. Nous lui dîmes que c'étaient ses images, et le renégat lui expliqua de son mieux ce qu'elles signifiaient, afin qu'elle les adorât comme si chacune d'elles eût véritablement été la même Lella Marien qui lui avait parlé. Comme elle a beaucoup de sens et une intelligence prompte et vive, elle comprit aussitôt tout ce qu'on lui disait de ces images. Au retour de l'église, on nous distribua dans les différentes mai-

y esto le habia sacado	et cela lui avait attiré
tales colores al rostro,	de telles couleurs au visage,
que si no es que la aficion	que si ce n'est que la tendresse
entónces me engañaba,	alors m'abusait,
osara decir	j'osasse (j'aurais osé) dire
que no habia en el mundo	qu'il n'y avait pas dans le monde
mas hermosa criatura,	plus belle créature,
á lo ménos	au moins [vue.
que yo la hubiese visto.	que moi je l'eusse vue (que j'eusse
Fuimos derechos	Nous fûmes droits (droit)
á la iglesia	à l'église
á dar gracias	à donner (pour rendre) grâces
á Dios	à Dieu
por la merced recibida,	pour la grâce reçue,
y asi como	et ainsi comme (au moment où)
Zoraida	Zoraïde
entró en ella,	entra dans elle (y entra),
dijo que habia alli	elle dit qu'il y avait là
rostros	des visages [blaient)
que se parecian	qui se ressemblaient (qui ressem-
á los de Lela Márien.	à ceux de Lella Marien.
Dijimosle	Nous lui dîmes
que eran imágenes suyas,	que c'étaient des images siennes,
y como mejor se pudo	et comme mieux se put (le mieux
el renegado	le renégat [possible)
le dió á entender	lui donna à entendre
lo que significaban,	ce qu'elles signifiaient,
para que ella las adorase	pour qu'elle les adorât
como si verdaderamente	comme si véritablement
fueran	elles fussent (eussent été)
cada una de ellas	chacune d'elles
la misma Lela Márien	la même Lella Marien
que la habia hablado.	qui lui avait parlé.
Ella que tiene	Elle qui a
buen entendimiento	un bon entendement
y un natural fácil y claro,	et un esprit facile et clair,
entendió luego	entendit aussitôt
cuanto se le dijo	tout-ce-qu'on lui dit
acerca de las imágenes.	au-sujet des images.
Desde alli	Depuis (de) là
nos llevaron	ils nous emmenèrent
y repartieron á todos	et nous répartirent tous
en diferentes casas	en différentes maisons
del pueblo;	de la population;

198 EL CAUTIVO.

renegado, Zoraida y á mí nos llevó el cristiano que vino con nosotros en casa de sus padres, que medianamente eran acomodados de los bienes de fortuna, y nos regalaron con tanto amor como á su mismo hijo.

63. Seis dias estuvimos en Velez, al cabo de los cuales el renegado, hecha su informacion de cuanto le convenia, se fué á la ciudad de Granada á reducirse por medio de la santa Inquisicion al gremio santísimo de la Iglesia; los demas cristianos libertados se fueron cada uno donde mejor le pareció : solo quedamos Zoraida y yo con solo los escudos que la cortesía del frances le dió á Zoraida, de los cuales compré este animal en que ella viene, y sirviéndola yo hasta ahora de padre y escudero, vamos con intencion de ver si mi padre es

sons; mais le chrétien notre compagnon nous emmena, le renégat, Zoraïde et moi, chez ses parents, qui étaient assez accommodés des biens de la fortune, et qui nous accueillirent avec autant d'amitié que leur propre fils.

63. Nous restâmes six jours à Velez; au bout de ce temps le renégat, information faite de tout ce qui le concernait, s'en alla à Grenade pour rentrer par le moyen de la sainte Inquisition dans le giron de l'Église; les autres chrétiens délivrés se rendirent chacun où il aima le mieux. Nous restâmes seuls, Zoraïde et moi, ayant en tout les écus dont la courtoisie du Français lui avait fait présent. J'en achetai cette bête sur laquelle elle est venue ici; je lui sers jusqu'à ce jour de père et d'écuyer, et nous nous en allons avec l'intention de voir si mon père vit encore, ou si quelqu'un de

pero al renegado,	mais le renégat,
Zoraida y á mí,	Zoraïde et moi,
el cristiano	le chrétien
que vino con nosotros	qui vint (était venu) avec nous
nos llevó	nous conduisit
en casa de sus padres,	dans *la* maison de ses parents,
que eran acomodados	qui étaient accommodés
medianamente	moyennement
de los bienes	des biens
de fortuna,	de *la* fortune,
y nos regalaron	et *qui* nous traitèrent
con tanto amor	avec autant-d'affection [même].
como á su mismo hijo.	comme leur même fils (que leur fils
63. Estuvimos seis dias	63. *Nous* fûmes six jours
en Velez;	dans (à) Velez,
al cabo de los cuales	au bout des quels
el renegado,	le renégat,
hecha su informacion	*étant* faite son enquête
de cuanto	de tout-ce-qui
le convenia,	lui convenait (le concernait),
se fué á la ciudad de Granada	s'*en* fut à la ville de Grenade
á reducirse	à se-ramener (pour rentrer)
por medio	par *le* moyen
de la santa Inquisicion	de la sainte Inquisition
al gremio santísimo	au giron très-saint
de la Iglesia;	de l'Église;
los demas cristianos libertados	les autres chrétiens délivrés
se fueron cada uno	s'*en* furent chacun
donde le pareció mejor :	où *il* lui parut *le* mieux :
solo quedamos	seulement *nous* restâmes
Zoraida y yo	Zoraïde et moi
con solo los escudos	avec seulement les écus
que la cortesía	que la courtoisie
del frances	du Français
le dió	lui donna (avait donnés)
á Zoraida,	à Zoraïde;
de los cuales	des quels
compré este animal	j'achetai cet animal
en que ella viene,	en (sur) lequel elle vient,
y yo sirviéndola	et moi lui-servant
hasta ahora	jusque maintenant
de padre y escudero,	de père et écuyer,
vamos	*nous* allons
con intencion de ver	avec intention de voir

vivo, ó si alguno de mis hermanos ha tenido mas próspera ventura que la mia, puesto que, por haberme hecho el cielo compañero de Zoraida, me parece que ninguna otra suerte me pudiera venir, por buena que fuera, que mas la estimara. La paciencia con que Zoraida lleva las incomodidades que la pobreza trae consigo, y el deseo que muestra tener de verse ya cristiana, es tanto y tal que me admira, y me mueve á servirla todo el tiempo de mi vida, puesto que el gusto que tengo de verme suyo y de que ella sea mia, me le turba y deshace no saber si hallaré en mi tierra algun rincon donde recogella, y si habrán hecho el tiempo y la muerte tal mudanza en la hacienda y vida de mi padre y hermanos, que apenas halle quien me conozca si ellos faltan.

mes frères a été plus favorablement traité que moi de la fortune; et pourtant, puisque le ciel m'a fait le compagnon de Zoraïde, il me semble que nulle autre chance ne pourrait m'arriver, si heureuse qu'elle fût, que j'estimasse davantage. La patience avec laquelle Zoraïde supporte les incommodités que la pauvreté amène avec soi et le désir qu'elle témoigne de se voir déjà chrétienne, me remplissent d'admiration et m'animent à la servir tout le temps de ma vie, bien que le bonheur que j'éprouve à voir que je suis à elle et qu'elle est à moi soit troublé et gâté par l'incertitude où je suis si je trouverai dans mon pays un coin où la recueillir, si le temps et la mort auront fait de tels changements dans le patrimoine et la vie de mon père et de mes frères, qu'à peine je trouve quelqu'un pour me reconnaître à défaut d'eux.

si mi padre es vivo,	si mon père est vivant,
ó si alguno	ou si quelqu'un
de mis hermanos	de mes frères
ha tenido ventura	a eu chance
mas próspera que la mia,	plus heureuse que la mienne,
puesto que,	bien que, [ciel m'a fait)
por haberme hecho el cielo	pour m'-avoir faitl e ciel (puisque le
compañero de Zoraida,	compagnon de Zoraïde,
me parece	*il* me semble
que ninguna otra suerte	qu'aucun autre sort
me pudiera venir,	ne me pût (ne m'aurait pu) venir,
por buena que fuera,	pour bon (si bon) qu'*il* fût,
que la estimara	que *je* l'estimasse (que j'estimasse)
mas.	davantage.
La paciencia	La patience
con que Zoraida	avec laquelle Zoraïde
lleva las incomodidades	supporte les incommodités
que la pobreza	que la pauvreté
trae consigo,	apporte avec-soi,
y el deseo	et le désir
que muestra tener	qu'*elle* montre avoir
de verse ya cristiana,	de se-voir déjà chrétienne,
es tanto y tal	est si-grand et tel
que me admira,	qu'*il* me donne-admiration,
y me mueve á servirla	et m'excite à la-servir
todo el tiempo de mi vida,	tout le temps de ma vie,
puesto que	bien que
el gusto que tengo	le plaisir que *j*'ai
de verme suyo	de me-voir sien
y de que ella sea mia,	et de *ce* qu'elle soit mienne,
me le turba y deshace	*ceci* me le trouble et défait
no saber	*de* ne pas savoir
si hallaré en mi tierra	si *je* trouverai dans mon pays
algun rincon	quelque coin
donde recogella,	où la-recueillir,
y si el tiempo	et si le temps
y la muerte	et la mort
habrán hecho tal mudanza	auront fait *un* tel changement
en la hacienda y vida	dans l'avoir et *la* vie
de mi padre	de mon père
y hermanos,	et *de mes* frères,
que apenas halle	qu'à-peine *je* trouve
quien me conozca,	*quelqu'un* qui me connaisse,
si ellos faltan.	si eux manquent.

64. No tengo mas, señores, que deciros de mi historia, la cual, si es agradable y peregrina¹, júzguenlo vuestros buenos entendimientos, que de mí sé decir que quisiera habérosla contado mas brevemente, puesto que el temor de enfadaros mas de cuatro circunstancias me ha quitado de la lengua.

64. Je n'ai rien de plus, seigneurs, à vous dire de mon histoire: si elle est agréable et curieuse, votre bon jugement en décidera; quant à moi, ce que je puis dire, c'est que j'aurais voulu vous la conter plus brièvement, bien que la crainte de vous ennuyer m'ait ôté du bout de la langue plus d'une circonstance.

64. No tengo mas, señores,	64. *Je* n'ai pas plus, seigneurs,
que deciros de mi historia,	que (à) vous-dire de mon histoire,
la cual, si es agradable y peregrina,	la quelle, si *elle* est agréable et extraordinaire,
vuestros buenos entendimientos júzguenlo,	*que* vos bons entendements le-jugent,
que de mi	car de moi (quant à moi)
sé decir	*je* sais (peux) dire
que quisiera	que *je* voulusse (je voudrais)
habérosla contado	vous-l'-avoir contée
mas brevemente,	plus brièvement,
puesto que el temor	bien que la crainte
de enfadaros	de vous-ennuyèr
me ha quitado de la lengua	m'a (m'ait) ôté de la langue
mas de cuatro circunstancias.	plus de quatre circonstances.

NOTES

SUR LE CAPTIF.

Page 2 : 1. *Las montañas de Leon.* Le royaume (aujourd'hui l'intendance) de Léon, entre les Asturies, la Vieille-Castille, la Galice et le Portugal.

— 2. *Gastalla* est pour *gastarla*, l'*r* de l'infinitif pouvant se changer en *l* devant les pronoms personnels; de même à la page 20, *socorrella* pour *socorrerla*, etc.

Page 4 : 1. *Llamándonos á todos tres.* On sait que les verbes actifs espagnols qui ont pour régime direct un nom propre, veulent toujours devant ce nom la préposition *á*, qu'ils prennent aussi le plus souvent devant un nom commun de personne. Nous avons dû négliger partout de rendre cette préposition.

Page 10 : 1. *Un ardite.* L'*ardite*, qui n'existe plus qu'en Catalogne, est une minime monnaie de cuivre à peu près de la même valeur que notre ancienne *maille*. L'*ardite* figure dans beaucoup de locutions du langage familier, telles que *no vale un ardite* ou *dos ardites*, cela ne vaut pas un liard ou deux liards, etc.

Page 12 : 1. *A lo que se me acuerda*, littéralement, à ce qui se me rappelle, à ce qui se rappelle à moi.

Page 14. 1. *Prometimoselo* est composé de trois mots : *prometimos-se-lo*; l'*s* finale du verbe a été retranchée à cause de l'*s* du pronom *se*. Sur cet emploi du pronom réfléchi au lieu du pronom direct, voyez la grammaire de Pascual Hernandez, § 341.

Page 16 : 1. *Alejandria de la Palla*, Alexandrie de la Paille, sur le Tanaro. On dit que ce surnom lui fut donné par l'empereur Frédéric Barberousse, parce que ses murs n'étaient que de paille et de bois enduits de terre.

— 2. *Los condes de Eguemont y de Hornos.* Leur sentence de mort fut prononcée le 4 juin 1568, et exécutée le lendemain; elle fut le signal de la révolte qui sépara pour jamais les Pays-Bas de l'Espagne.

Page 16 : 3. *Diego de Urbina*. Il commandait la compagnie dont Cervantès fit partie à la bataille de Lépante.

Page 18 : 1. *Felicísima jornada*. La bataille de Lépante. Le golfe de Lépante est le golfe de Corinthe des anciens ; don Juan y détruisit la flotte ottomane, le 7 octobre 1571.

Page 20 : 1. *El Uchali*, Uchali, ou plutôt Aluch-Ali, ce qui veut dire *le nouveau musulman Ali, le renégat Ali*.

— 2. *Tres caballeros*. Arroyo, *Relacion de la Santa-Liga* : « Uchali attaqua cette capitane avec sept galères, et les nôtres ne purent la secourir, parce qu'elle s'était trop avancée au delà de la ligne de combat. Des trois chevaliers blessés, l'un était F. Pietro Justiniano, prieur de Messine et général de Malte ; un autre, Espagnol, et un autre, Sicilien. On les trouva encore vivants, enterrés parmi la foule des morts. »

— 3. *Juan Andrea*, Jean-André Doria, le fils du restaurateur de la liberté génoise.

Page 22 : 1. *La capitana de los tres fanales*. Les trois fanaux étaient, chez les Turcs, l'insigne du bâtiment amiral.

— 2. *Levantes*. On appelait ainsi les marins de l'Archipel grec.

Page 24 : 1. *Navarino*. Aujourd'hui *Néo-Castron*, en Élide. C'est là qu'en 1827 les flottes de France, d'Angleterre et de Russie détruisirent la flotte turco-égyptienne. — « Don Juan d'Autriche, dit Arroyo, cingla toute la nuit du 16 septembre 1572, pour tomber au point du jour sur le port de Navarin, où se trouvait toute la flotte turque.... Mais le chef de la chiourme et les pilotes se trompèrent dans le calcul de l'horloge de sable, et donnèrent au matin contre une île appelée Prodano, à trois lieues environ de Navarin. De sorte qu'Uchali eut le temps de faire sortir sa flotte du port, et de la mettre sous le canon de la forteresse de Modon. »

Page 26 : 1. Au retour de leur captivité, Cervantès et son frère Rodrigo servirent sous les ordres du marquis de Santa-Cruz, à la prise de l'île de Terceira sur les Portugais. L. Viardot.

— 2. *El estanterol*. La *ganche* était un instrument muni de deux crochets à son extrémité, et qui servait à tenir la tente des galères.

— 3. Marco-Antonio Arroyo dit que ce capitan, appelé Hamet-Bey, petit-fils et non fils de Barberousse, « fut tué par un de ses esclaves chrétiens, et que les autres le mirent en pièces à coups de dents. » Geronimo Torrès de Aguilera, qui se trouva, comme Cervantès et comme Arroyo, à la bataille de Lépante, dit que « la galère d'Hamet-Bey fut conduite à Naples, et qu'en mémoire de cet événement on la nomma *la Prise.* » (*Crónica de varios sucesos.*) Le P. Haedo ajoute que ce More impitoyable fouettait les chrétiens de sa chiourme avec un bras qu'il avait coupé à l'un d'eux. (*Historia de Argel*, fol. 123.) L. Viardot.

— 4. Muley-Hamida et Muley-Hamet étaient fils de Muley-Hassan, roi de Tunis. Hamida dépouilla son père du trône et le fit aveugler en lui brûlant les yeux avec un bassin de cuivre ardent. Hamet, fuyant la cruauté de son frère, se réfugia à Palerme, en Sicile. Uchali et les Turcs chassèrent de Tunis Hamida, qui se fortifia dans la Goulette. Don Juan d'Autriche, à son retour, chassa les Turcs de Tunis, rappela Hamet de Palerme, le fit gouverneur de ce royaume, et remit le cruel Hamida entre les mains de don Carlos de Aragon, duc de Sesa, vice-roi de Sicile. Hamida fut conduit à Naples, où l'un de ses fils se convertit au christianisme. Il eut pour parrain don Juan d'Autriche lui-même, et pour marraine doña Violante de Moscoso, qui lui donnèrent le nom de don Carlos d'Autriche. Hamida en mourut de chagrin. (Torrès de Aguilera, p. 105 y sig. *Bibliot. real.*, cod. 45, f. 531 y 558.) L. Viardot.

Page 28 : 1. Don Juan d'Autriche fit élever ce fort capable de contenir huit mille soldats, hors des murs de la ville, et près de l'île de l'Estagno, dont il dominait le canal. Il en donna le commandement à Gabrio Cervellon, célèbre ingénieur, qui l'avait construit. Ce fort fut élevé contre les ordres formels de Philippe II, qui avait ordonné la démolition de Tunis. Mais don Juan d'Autriche, abusé par les flatteries de ses secrétaires, Juan de Soto et Juan de Escovedo, eut l'idée de se faire couronner roi de Tunis, et s'obstina à conserver cette ville. Ce fut sans doute une des causes de la mort d'Escovedo, qu'Antonio Perez, le ministre de Philippe II, fit périr *par ordre supérieur*, comme il le confessa depuis dans la torture, et sans doute aussi de la disgrâce d'Antonio Perez, que ses ennemis accablèrent à la fin. (Torrès de Aguilera, f. 107; don Lorenzo Van-der-Hemmen, dans son livre intitulé *Don Felipe el Prudente*, f. 98 et 152.) L. Viardot.

Page 30 : 1. *Palmos.... varas.* Le palme est l'étendue de la main ouverte ; le vara, ou aune, est une mesure d'un peu plus de quatre-vingt-quatre centimètres.

— 2. *Caballero.* On appelle *cavalier*, en termes de fortification, un tertre qu'on élève pour y placer l'artillerie, qui domine alors le point attaqué.

Page 34 : 1. *Valerosa y fuertemente.* On sait que quand plusieurs adverbes terminés en *mente* se suivent, le dernier seul prend la terminaison adverbiale, et les précédents conservent la forme de l'adjectif féminin d'où ils sont tirés.

— 2. L'île de l'Estagno paraît avoir été l'ancien port de Carthage. Cervellon l'avait fortifiée.

— 3. Gabrio Cervellon fut général de l'artillerie et de la flotte de Philippe II, grand prieur de Hongrie, etc. Lorsqu'il fut pris à la Goulette, Sinan-Pacha le traita ignominieusement, lui donna un soufflet, et, malgré ses cheveux blancs, le fit marcher à pied devant son cheval jusqu'au rivage de la mer. Cervellon recouvra la liberté dans l'échange qui eut lieu entre les prisonniers chrétiens de la Goulette et de Tunis, et les prisonniers musulmans de Lépante. Il mourut à Milan, en 1580. L. VIARDOT.

Page 38 : 1. *Alferez.* L'alférez était le porte-étendard.

Page 40 : 1. *Arnautes.* Les Arnautes sont les habitants des montagnes de l'Albanie. Ce mot *arnaute*, dans la langue du pays, signifie *vaillant*.

— 2. *Vuesa*, abréviation de *vuestra*.

Page 46 : 1. *El Fratin.* Le Fratin ou Petit-Moine est Jácome Palearo ou Paleazzo, qui servit Charles-Quint et Philippe II. « Outre les constructions militaires dont parle ici Cervantès, il répara, dit M. L. Viardot, en 1573, les murailles de Gibraltar, et éleva des ouvrages de défense au pont de Zuazo, en avant de Cadix. Ce fut son frère, Giorgo Paleazzo, qui traça le plan des fortifications de Mayorque, en 1583, et dirigea les travaux de la citadelle de Pampelune, en 1592. »

Page 50 : 1. Cet Hassan-Aga était né en Calabre, à Licastelli. Le P. Haedo dit qu'il était un des trois capitans de corsaires (Alger, Tunis, Tripoli). Devenu roi d'Alger, il soutint la révolte des Morisques de Grenade contre Philippe II. Il fut généralissime de la flotte turque après la bataille de Lépante, et mourut empoisonné en 1580.

— 2. *Baño*. Bagne (*baño*) signifie, d'après la racine arabe dont les Espagnols ont fait *albañil* (maçon), un édifice en plâtre. — La vie que menaient les captifs dans ces bagnes n'était pas aussi pénible qu'on le croit communément. Ils avaient des oratoires où leurs prêtres disaient la messe ; on y célébrait les offices avec pompe et en musique ; on y baptisait les enfants, et tous les sacrements y étaient administrés ; on y prêchait, on y faisait des processions, on y instituait des confréries, on y représentait des *autos sacramentales*, la nuit de Noël et les jours de la Passion ; enfin, comme le remarque Clémencin, les prisonniers musulmans n'avaient certes pas autant de liberté en Espagne, ni dans le reste de la chrétienté. (Gomez de Losada, *Escuela de trabajos y cautiverio de Argel*, lib. II, cap. XLVI y sig.) L. VIARDOT.

Page 52 : 1. *Dificultosa* pour *dificultosamente*.

Page 56 : 1. *Tal de Saavedra*. C'est Cervantès lui-même. Voyez la *Notice*.

Page 64 : 1. *La Pata*. Le fort de Bata. — Le P. Haedo, dans sa *Topografia* et dans son *Epitome de los reyes de Argel*, cite souvent cet Agi-Morato, renégat slave, comme un des plus riches habitants d'Alger.

Page 66 : 1. *En árabigo*. On dirait aujourd'hui en *árabe*.

— 2. *Un renegado natural de Murcia*. Il se nommait Morato Raez Maltrapillo, et obtint la grâce de Cervantès, qui avait tenté de s'enfuir, en 1579.

Page 72 : 1. *Una esclava*. Juana de Renteria, dont Cervantès parle dans sa comédie *los Baños de Argel* (1ʳᵉ journée).

Page 74 : 1. *Marfuz* est un mot arabe.

Page 84 : 1. *Ella nunca se había querido casar*. Cependant Cervantès, dans *los Baños de Argel* (3ᵉ journée), dit qu'elle épousa Muley-Maluch, roi de Fez en 1576. Le P. Haedo le dit aussi dans son *Epitome*.

Page 88 : 1. *La puerta de Babazon*, la porte de Bab-Azoun, ou des troupeaux de brebis, entre le midi et le levant. « C'est par là, dit le P. Haedo dans sa *Topografia*, que sortent tous les gens qui vont aux champs, aux villages et aux *douars* des Mores. »

Page 90 : 1. *Cosas.... de admiracion*. Allusion à l'aventure de la barque qui tenta d'enlever Cervantès et d'autres gentilshommes chrétiens cachés depuis sept mois dans un souterrain.

Page 92 : 1. *Se temen*. L'emploi explétif du pronom réfléchi avec les verbes neutres ou employés comme neutres est très-fréquent en espagnol.

— 2. *Un moro tagarino*. On donnait le nom de Mores Tagarins (ou Mores de la frontière) aux Mores de Valence et d'Aragon. On appelait Mores Mudejarès (ou Mores de l'intérieur) les Mores d'Andalousie.

Page 96 : 1. *Un mercader valenciano*. Onofre Exarque. Ce fut lui qui fournit de l'argent pour acheter la barque sur laquelle Cervantès devait s'enfuir.

Page 100 : 1. Sargel ou Cherchel, autrefois *Julia Cæsarea*, à 95 kilomètres d'Alger, dans la province de Mascara. C'est là que se réfugièrent en partie, en 1610, les Morisques chassés d'Espagne. Le port de Sargel fut comblé par le sable et les débris lors du tremblement de terre de 1738.

Page 108 : 1. *Una mezcla de todas las lenguas*. La langue franque. « La troisième langue qu'on parle à Alger est celle que les Mores et les Turcs appellent *franque*. C'est un mélange de diverses langues chrétiennes, et d'expressions qui sont, pour la plupart, italiennes ou espagnoles, et quelquefois portugaises, depuis peu. Comme à cette confusion de toutes sortes d'idiomes se joint la mauvaise prononciation des Mores et des Turcs, qui ne connaissent ni les modes, ni les temps, ni les cas, la langue franque d'Alger n'est plus qu'un jargon semblable au parler d'un nègre novice nouvellement amené en Espagne. » (Haedo, *Topografia*, chap. xxix.)

— 2. *Me preguntó que*. Après les verbes qui signifient *questionner*, *interroger*, *demander*, on emploie souvent d'une manière explétive la conjonction *que*.

Page 114 : 1. *Arnaute Mami*. « Il était capitan de la flotte où servait le corsaire qui fit Cervantès prisonnier, et « si cruelle bête, dit Haedo, que sa maison et ses vaisseaux étaient remplis de nez et d'oreilles qu'il coupait, pour le moindre motif, aux pauvres chrétiens captifs. » Cervantès fait encore mention de lui dans la *Galatée* et d'autres ouvrages. L. VIARDOT.

Page 116 : 1. Le *zoltani* valait 40 aspres d'argent, à peu près deux piastres espagnoles ou 10 fr. 80 cent.

Page 118 : 1. *Gualá.* Juron arabe : *par Allah!*

Page 128 : 1. *Todas las.* Le mot *veces* est sous-entendu ; cette ellipse n'est pas rare.

Page 132 : 1. *Los moros bagarinos. Bagarinos* vient de *bahar*, mer. « Les Mores des montagnes, qui vivent dans Alger, gagnent leur vie, les uns en servant les Turcs ou de riches Mores, les autres en travaillant aux jardins ou aux vignes, et quelques-uns en ramant sur les galères et les galiotes ; ceux-ci, qui louent leurs services, sont appelés *bagarinès.* » (Haedo, *Topografia*, chap. II.)

— 2. *Que* est explétif, parce que le verbe *decir* a ici un peu du sens d'*interroger*. Voyez la note 2 de la page 108.

Page 134 : 1. *Arraez*, commandant d'un bâtiment algérien.

Page 150 : 1. *Habríamos navegado.* Les Espagnols emploient fort souvent le conditionnel là où nous nous servons du verbe *pouvoir* : « nous aurions navigué, » c'est-à-dire : « nous pouvions avoir navigué. »

Page 152 : 1. *Pusistes*, et un peu plus bas *quisiéredes*, formes archaïques, pour *pusisteis* et *quisiéreis*.

Page 160 : 1. *Almalafa.* Nom d'une espèce de surtout commun aux deux sexes.

Page 162 : 1. *La Cava.* Florinde, outragée par le roi Roderic. Pour la venger, son père, le comte Julien, gouverneur d'Andalousie, ouvrit l'Espagne aux Mores (710). — « Là (à Césarée) sont encore debout les débris des deux temples antiques.... dans l'un desquels est un dôme très-élevé, que les Mores appellent *Coborrhoumi*, ce qui veut dire sépulcre romain ; mais les chrétiens, peu versés dans l'arabe, l'appellent *Cavarhoumia*, et disent fabuleusement que là est enterrée la Cava, fille du comte Julien.... A l'est de cette ville est une grande montagne triste (le cap Cajinès?), que les chrétiens appellent *de la mauvaise femme*, d'où l'on tire pour Alger tout le bois de construction des navires. » (Luis del Marmol, *Descripcion general de Africa*, liv. IV, chap. XLIII.)

Page 190 : 1. Velez-Malaga, ville de la Grenade, près de la mer, à 22 kilomètres à l'est de Malaga.

Page 202 : 1. *Agradable y peregrina*. Il faut le croire, puisque Cervantès en a fait encore le sujet de sa comédie *los Baños de Argel*, et que Lope de Vega l'a introduite aussi dans *los Cautivos de Argel*. Cervantès, dit M. Viardot, la donne comme une histoire véritable, et termine ainsi la première de ces pièces : « Ce conte d'amour et de doux souvenir se conserve toujours à Alger, et l'on y montrerait encore aujourd'hui la fenêtre et le jardin.... »

FIN.

Paris. — Imprimerie générale de Ch. Lahure, rue de Fleurus, 9.

LIBRAIRIE DE L. HACHETTE ET CIE,
BOULEVARD SAINT-GERMAIN, N° 77, A PARIS.

HISTOIRE UNIVERSELLE

publiée par une société de professeurs et de savants

sous la direction de M. V. DURUY.

20 VOLUMES IN-18 JÉSUS

accompagnés de cartes géographiques
de plans de villes et de batailles,
et contenant des dessins de monuments, de costumes, etc.,
intercalés dans le texte.

(On peut se procurer chaque volume de cette collection en demi-reliure, dos en chagrin, tranches jaspées, moyennant 1 fr. 50 c.; tranches dorées, 2 fr. en sus des prix ci-après marqués.)

La terre et l'homme, ou aperçu historique de géologie, de géographie et d'ethnologie générales, pour servir d'introduction à l'*Histoire universelle*, par M. Alfred MAURY, membre de l'Institut, secrétaire de la Commission centrale de la Société de géographie, membre de la Société impériale des antiquaires. 1 volume. 5 fr.

Chronologie universelle, suivie de la liste des grands États anciens et modernes, des dynasties puissantes et des princes souverains de premier ordre, avec les tableaux généalogiques des familles royales de France et des principales maisons régnantes d'Europe; par M. Ch. DREYSS, professeur d'histoire au lycée Napoléon, docteur ès lettres. 1 volume de 942 pages, imprimé sur deux colonnes en petits caractères. 6 fr.

Histoire sainte d'après la Bible, par M. DURUY. 1 vol. contenant huit cartes et deux plans. 3 fr.

Histoire ancienne de l'Orient; par M. GUILLEMIN, agrégé d'histoire, recteur de l'Académie de Douai. 1 volume, contenant huit cartes, quatre plans et onze gravures. 4 fr.

Histoire grecque; par M. DURUY. 1 vol., contenant sept cartes, sept plans et sept gravures. 4 fr.

Histoire romaine depuis les temps les plus reculés jusqu'à l'invasion des barbares; par M. DURUY. 1 volume, contenant sept cartes, un plan de Rome et douze gravures. 4 fr.

Histoire des temps modernes depuis 1453 jusqu'à 1789; par M. DURUY. 1 vol., contenant six cartes et quatre gravures. 4 fr.

Histoire de France; par M. DURUY. Nouvelle édition illustrée d'un grand nombre de gravures et de cartes géographiques. 2 beaux volumes. 7 fr. 50 c.

Histoire d'Angleterre (Abrégé de l'), comprenant celle de l'Écosse, de l'Irlande et des possessions anglaises, par M. FLEURY, proviseur du lycée de Douai. Nouvelle édition, sous presse. 1 volume.

Histoire de l'Italie (Abrégé de l'), depuis l'invasion des barbares jusqu'à nos jours, par M. ZELLER, maître de conférences à l'École normale supérieure. Nouvelle édition, sous presse. 1 volume.

Histoire des États scandinaves (Suède, Norvége, Danemark) depuis les temps les plus reculés jusqu'à nos jours; par M. GEFFROY, maître de conférences à l'École normale supérieure. 1 volume, contenant cinq cartes et un plan. 3 fr. 50 c.

Histoire des Arabes; par M. SÉDILLOT, professeur d'histoire au lycée Saint-Louis, membre de la Société asiatique de Paris. 1 volume, contenant trois cartes et cinq gravures. 4 fr.

Histoire du Portugal et de ses colonies; par M. A. BOUCHOT. 1 volume, contenant deux cartes et deux plans. 4 fr.

Histoire de la littérature grecque; par M. PIERRON, professeur au lycée Saint-Louis. 1 volume. 4 fr.

Histoire de la littérature romaine; par M. PIERRON. 1 volume. 4 fr.

Histoire de la littérature française, depuis ses origines jusqu'à nos jours, par M. DEMOGEOT, agrégé de la Faculté des lettres de Paris. 1 volume. 4 fr.

Dictionnaire historique des institutions, mœurs et coutumes de la France; par M. CHÉRUEL, inspecteur général de l'instruction publique. 2 volumes formant ensemble 1350 pages avec gravures.

AUTRES OUVRAGES DE M. V. DURUY

PETIT COURS
D'HISTOIRE UNIVERSELLE

Format in-18 carré.

Petite histoire sainte, contenant l'Ancien et le Nouveau Testament. 1 volume, avec une carte de la Palestine. 75 c.

Petite histoire ancienne. 1 volume, avec une carte de l'empire des Perses. 1 fr.

Petite histoire grecque. 1 volume, avec une carte de la Grèce ancienne. 1 fr.

Petite histoire romaine. 1 volume, avec une carte de l'empire romain sous Auguste. 1 fr.

Petite histoire du moyen âge. 1 volume, avec une carte de l'Europe sous les croisades. 1 fr.

Petite histoire des temps modernes. 1 volume avec une carte d'Europe en 1648. 1 fr.

Petite histoire de France, depuis les temps les plus reculés jusqu'en 1863. Nouvelle édition. 1 vol. avec une carte. 1 fr.

COURS D'HISTOIRE

rédigé conformément aux derniers programmes de l'Université

A L'USAGE DES ÉTABLISSEMENTS D'INSTRUCTION PUBLIQUE

6 volumes in-12, avec cartes géographiques, cartonnés.

Abrégé d'histoire ancienne (Classe de Sixième). 2 fr. 50 c.

Abrégé d'histoire grecque (Classe de Cinquième). 2 fr. 50 c.

Abrégé d'histoire romaine (Classe de Quatrième). 2 fr. 50 c.

Histoire de France et du moyen âge du Ve au XIVe siècle (Classe de Troisième). 3 fr. 50 c.

Histoire de France, du moyen âge et des temps modernes, du XIVe au milieu du XVIIe siècle (Classe de Seconde). 1 volume. 3 fr. 50 c.

Histoire de France et des temps modernes, depuis l'avénement de Louis XIV jusqu'à 1815 (Classe de Rhétorique). 1 fort volume. 3 fr. 50 c.

SUITE DES OUVRAGES DE M. V. DURUY

HISTOIRE
DE LA
GRÈCE ANCIENNE

Ouvrage couronné par l'Académie française

2 volumes in-8. — Prix, brochés : 12 francs.

HISTOIRE DES ROMAINS

DEPUIS LES TEMPS LES PLUS ANCIENS JUSQU'A MARC-AURÈLE

3 volumes in-8. — Deuxième édition, sous presse.

Leçon d'ouverture du cours d'histoire à l'École polytechnique. Brochure in-8°. 1 fr.

État du monde romain vers le temps de la fondation de l'empire. In-8°, broché. 3 fr.

De Tiberio imperatore. In-8°, broché. 2 fr.

Histoire de France de 1453 à 1815, avec 23 cartes et plans pour la géographie politique et militaire. 1 volume in-12, cartonné. 4 fr. 50 c.

Paris. — Imprimerie de Ch. Lahure, rue de Fleurus, 9.

www.ingramcontent.com/pod-product-compliance
Lightning Source LLC
Chambersburg PA
CBHW071944160426
43198CB00011B/1537